# 子ども支援塾のすすめ

八杉晴実

目次

45

午後四時四十分、子ども支援塾・東進会の小学生クラスに子どもたちは駆けこんでくる。年五回、一日の授業をつぶしての〝反省会〟。お菓子を食べながら、一人ひとりのよさが認められる。ここは子どもの安らげる居場所。

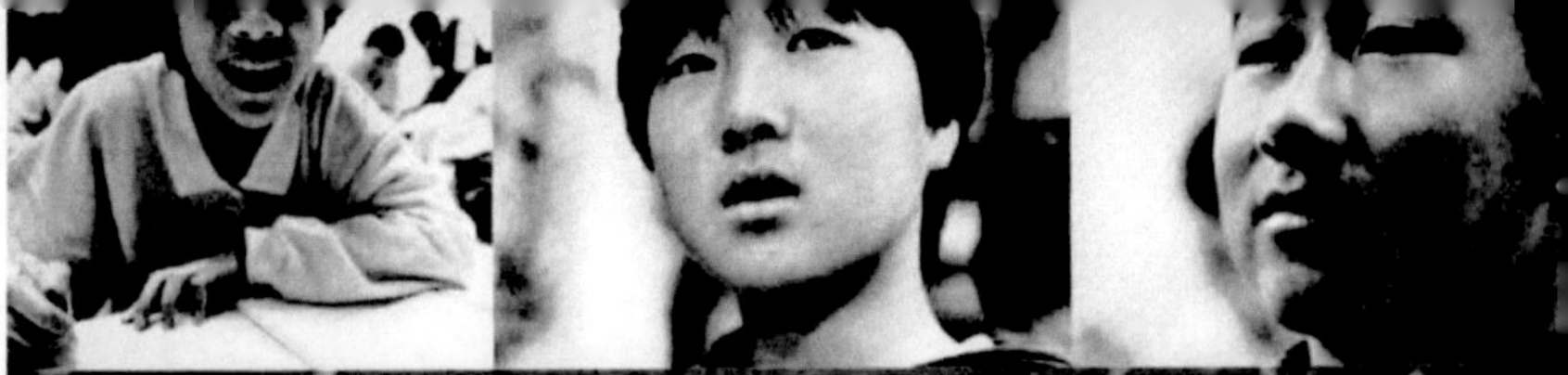

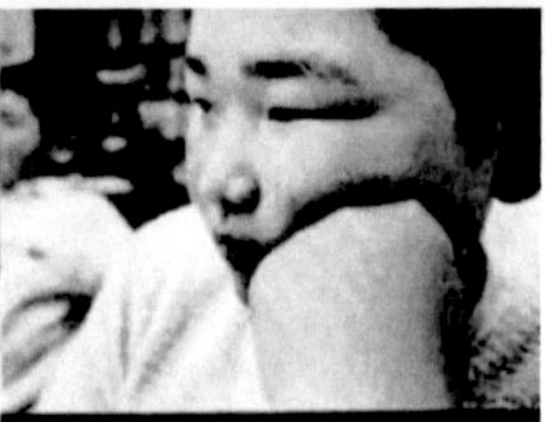

学年をとっぱらって、教科書関係なしの漢字の授業。覚える覚えないは子どもたちの自由。漢字そのもののおもしろさと、漢字の学び方がわかればよい。漢字って、スゴイ。八杉先生こと〝おっちゃん〟に子どもたちの熱い視線が注がれる。

三月末、中学3年生の〝巣立ちコンパ〟（お別れ会）
おっちゃん夫妻、熊さん、利君（息子）たち
東進会ファミリーを囲んでジュースでかんぱい。
そのあと、碁石ひろい、風船わりのゲームや
独唱・合唱とえんえんとお別れ会はつづく。

JANTZEN
INTERNATIONAL
SPORTS CLUB

小学校から中学まで通いつづけたわが塾。つっぱりのドラマにもこと欠かない。いま、ここに中学生たちは巣立っていく……。それぞれの思い出と、未来への抱負を語って。それを受けて、塾頭・おっちゃんは一人ひとりに励ましをおくる。若者たちは、涙をこらえて……。

たけのこ掘り。毎年の
春の行事の一つ。
春五月、大菩薩峠近くの
森屋荘の英さんから
「ことしもたけのこ
できたよ」の声がかかる。
東進会の老若男女の
一群が駆けつけて、
たけのこ掘り、
いれ食いのます釣りと、
たのしい一日を過ごす。

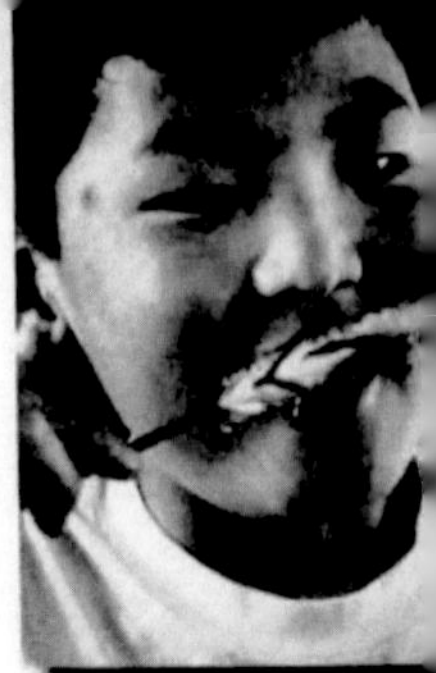

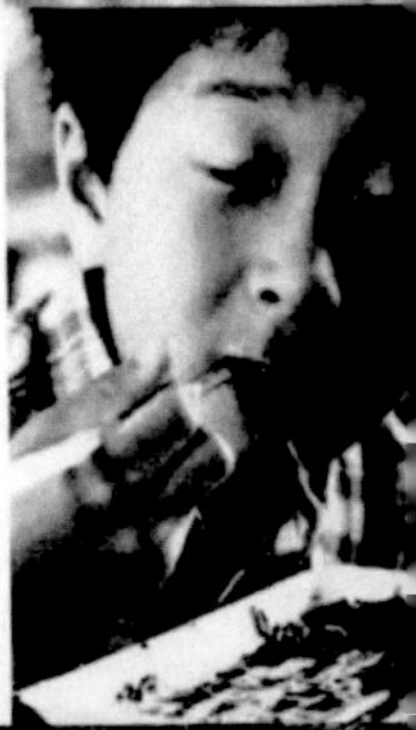

釣りたてのますは串ざしにしてバベキュー。
子どもたちは野外のゲームに熱中し、
大人たちはカラオケに興じたり……。

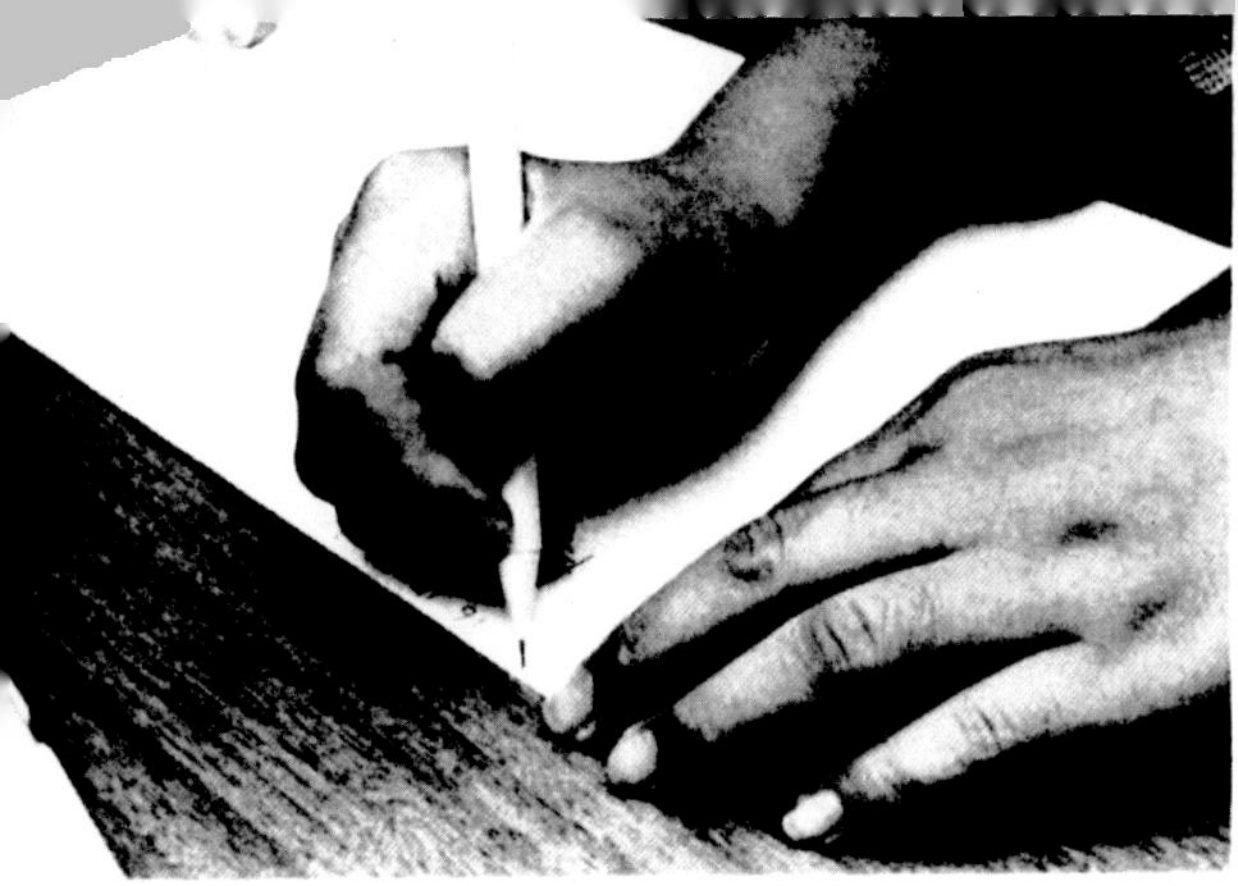

プロローグ

# 地域ミニ塾の一日

八時ちょっとすぎ起床。新聞を取りに階下へおりる。玄関を開けると、はす向かいの高木さんが庭先を掃除していた。

「おはようございます。あら、奥さんは？」と高木さん。

「起きてますよ。かぜひいてるんですよ」と、ぼく。そして、高木さんの息子さんのことをたずねる。

「雄介、きのう、塾こなかったネ」

「そう、ノコベン(居残り勉強)させられたみたいよ。算数ができなかったんだって……」

なにを習っているかたずねるが、雄介のお母さんにはハッキリわからない。

「なんかわかんないけど、パーセントがどうのこうのって、ゆうべおそくお父さんに聞いていたみたいよ」

〝割合〟のところだ。

「ああ、あのへんはわかんなくていいよ。なにしろ五年の算数はむずかしいもの、半分わかれば上等よ。子どもを責めたらかわいそうだよ、高木さん」

「うん。わたしもなにも気にしてないけどね、ノコベンさせられたって……」

高木さんは、雄介のアタマなら三分の一もわかればいい線でしょう、という。ぼくは、そんなことを言うもんじゃないよ、とたしなめる。

高木さん一家は三年まえ、わが塾のすぐ目のまえに引っ越してきた。長男の雄介君がわが塾に来るようになり、それから急に親しくなった。いまでは、けっこう高木さん親子と乱暴な口をききあえる仲になってしまった。ぼくが玄関をはいろうとすると、「ちょっとまって、先生」といって、高木さんが家に引っこんだ。手になにやら抱えて、塾の玄関まで来る。

「うちの(主人)がきのう、田舎へ行ってきてね」

田舎で結婚式があり、かまぼこをどっさりもらってきたので〝おすそわけ〟だと。

「タチの悪いかぜが流行《はや》ってるみたいだから、奥さんにだいじにするようにネ」

「生徒からもらったみたいだネ。T中の二年生は学年閉鎖だとかいってたよ」

お礼をいって、二階へあがる。

食事が終わると、また電話。そのなかの一本、梅津さんから。梅津さんの知りあいの家の女の子(K中)が、登校拒否で悩んでいる、と。

「相談にのってあげてくださいよ。お母さんも温和な人ですよ。M子ちゃんだって、とってもいい子なんですから」

「いいですよ」ということで、四時に面談約束。

二か月近くも床屋さんに行っていないのを思いだす。「バーバー、エビサワ」へサンダルばきで出かける。

「ひさしぶりですねエ。それにしてはずいぶんこざっぱりしているじゃないですか」

海老沢君は、ぼくの髪をつまみながら話しかける。二代目はもと、ぼくの塾生だ。

「カーチャン(女房)に二度ばかりやってもらったんだよ」

「忙しいですからね、先生も」

たしかに床屋さんに出向く時間というのは、なかなかみつからない。いや、時間的な忙しさ、というより、むしろ気分の問題なのかもしれない。——きょうは、ひとつ散髪でもしてくるか——という気分になれる日はめったにない。あまりいいことではなさそうだ。

「先生、〝忙しい〟っていうのは〝心を亡ぼす〟って書くんだって、教えてくれたじゃないですか」。海老沢君は痛いことをいう。

ひさしぶりにプロの海老沢君に髪を切ってもらってサッパリ。

目のまえは、近藤薬局。飛びこむと、奥からコンチャンのおやじさんが出てきた。コンチャンももと、ぼくの塾生で、いつもは店で仕事をしている。おやじさんはこのごろは息子のコンチャンに店を任せて、もっぱら町内会の世話で飛びまわっている。

「あれ、コンチャンは？　きょうはどうしたんですか」というと、

「かぜひいて寝てますわ」とおやじさん。

「薬屋の二代目がかぜひいてるんじゃや、かぜ薬あんまり効かないかなア」というと、おやじさんは半分おこって、半分笑っている。

かぜ薬を、といっても、おやじさんはガラスのショーケースに両手をバンとついたまま、動こうとしない。

ぼくはじれて、

「カーチャンですよ。かぜひいちゃったみたいで……」

「女専用のかぜ薬なんてないよ。どんなあんばい？」

おやじさんは、それでもまだ動かない。どんなアンバイといわれても……。また、はじまった。いつも近藤さんはそうだ。なかなか一発では薬を売ってくれない。熱は？　せきは？　いつから？　どんなぐあい？

根ほり葉ほりうるさい。ひととおり病状をくわしくいわないと、けっして売ってくれない。さんざん様子をいわされて、やっと何種類かの薬をケースのうえにゆっくり並べる。こんどは能書き。

「これはネ。おとな一回一錠と書いてあるがネ。はじめは二錠、熱がさがったら一錠にしなさいヨ。あとはだんだん時間をのばして……」

できれば薬に頼らないほうがいいんだが……と、薬屋の主人にしてはとんでもないことをいう。

「少々のかぜはネ。うまいもん食って、寝てりゃ治るんだから……」

五、六年まえ、コンチャンが薬剤師の国家試験に合格し、近藤さんによばれて一ぱい飲んだことがある。あのとき、つい、ぼくは近藤さんに愚痴《ぐち》をいってしまった。

塾にはいるとき、たいていの親は顔を出して、「よろしく」という。そして、さんざん手間ひまかけて、やっとなんとか高校へ。そして、卒業。つっぱってたり、ガタガタの学力で、入塾当時はどこの塾でも面倒みてくれないような子だったというのに……。でも、そういう子の親にかぎって、卒業するときにはなんの音さたもない――と。そんなことを愚痴った。すると、おやじさんは、えらく真剣な顔になって、ぼくにいった。

「先生……そりゃあ、考えちがいですよ」

その子が勉強するのが好きになって、自分の行きたい高校へ進めたのなら、それでいいんじゃないですか。それ以上なにを望むのか――と。親ごさんがお礼に来るとか来ないとか、そんなことは枝葉の問題。そんな考えでは、自分の力で他人を救ったような気持ちになって、だんだん傲慢《ごうまん》になっていく。そんなことを近藤さんはいった。ずいぶん痛い忠告だった。

「あたしもネ。四十年近く薬屋をやってきたんですよ」

しかし、薬を買いにきた人がそれでよくなった、とあとで、わざわざ礼に来たことなんて、きょうまで一度もなかった、と近藤さんはいう。

「なあに、薬はほとんど気休め。結局のところ、自分の力で治っちゃうんだねエ、人間ってのは」

あのとき、ぼくは近藤さんのことばにショックを受けながら、べつのことを考えていた。――勉強にしても、だれも学力なんてつけてやることはできないんだな。結局、自分の力でどの子も学力をつけているんだな――と。

やっとのことで、近藤さんから売ってもらったかぜ薬を持って帰ってくると、玄関先で伊達さんのお母さんと出会った。

「あら、きょうはまた、いちだんとハンサムになって」

伊達さんの二人のお嬢さんはもうぼくの塾を卒業し、末っ子の宏一君だけが六年生で在塾中。

「うちの庭にできたんですがネ。じゃまになって、じゃまになって……」

見ると、胸に抱えきれないくらいの小菊。白、黄、紫、色とりどりでみごとな花。

「ウワァ、いい匂《にお》いだ」

ひと抱えもある小菊を受けとりながらお礼をいうと、伊達さんは、いつものように顔をくしゃくしゃにして帰っていった。

## よろず相談、ハイ、どーぞ

正午をすぎたころ、清水君のバイクがやってきた。

「風が冷たくていけませんわ。もう、バイクも限界ですね」。もみ手をしながら階段をあがってくる。

「きょうはまた早いじゃない。どうしたの」

いつもなら二時ごろ来る清水君が二時間近くも早目に来るとは。

「ちょっと気になってることがあるんで」

気になっているというのは教材のことだった。六年生中心のクラスは、このまえから「正負の意味と計算」(中学一年分野)にはいった。きょうの授業から計算にはいることになっている。

「きのう教材をみたんですが、今年はちょっと変えてみたらどうかなア、と思ったもんだから、先生と相談して」

使いものにならないわけではないが、もっとわかりやすい教え方があるのでは、と考えたという。過去二年間使った「正負の計算」の導入プリントを階下から持ってきて、清水君とぼくとで討議がはじまった。エプロンをかけながら奥から妻が出てきた。

「薬のおかげでだいぶよくなったみたい」

妻がかぜをひいて寝ていたことを知ると、

「無理しなくてもいいですよ。きょうはダブルの日だから」と、清水君。

〝ダブル〟というのは清水君とぼくが一つのクラスをいっしょにやる日のことで、中学二年中心のクラスでは一教室が妻の英語、もう一つが数学で二人でみる。したがって、ぼくが英語のほうへまわれば、妻は空きが可能というわけだ。

「だいじょうぶよ。塾の女房は少々のことで休んでいられないのよ」。笑いながら妻は元気にいう。そこへ電話のベル。「それきた！」。妻はさっそく髪をなおしながら受話器を取る。

不登校や学力不振で悩んでいる親たちが、全国から電話をかけてくるのである。時間制限が午後二時から四時までとなっていることを知ってか、二時すぎるとかならず電話がかかってくる。〝常設ホットライン〟という感じ。電話にはおかまいなく、清水君はまた数学の話にもどる。

「どの教科書みてもですね、カッコつきからはいってるんですね。でも、子どもたちはカッコなしのほうがストンとわかるんですね。それに……」

カッコつき計算は「正負計算」の当初だけで、その後は方程式や式の計算にしてもほとんどカッコは使用しなくても不自由はない、という。

(−4)＋(＋7)→ −4＋7＝＋3

(＋4)−(−7)→ ＋4＋7＝＋11

「そうだよね。カッコなしのほうが理解しやすいんだから、そっちをさきに指導すべきだね」

思いたったら吉日。さっそくきょうの授業からやってみようということになって、清水君はプリントづくりのために階下におりた。妻はまだ電話に出ている。ぼくはドッサリきた郵便をひとつひとつこたつのうえで開封する。

「……ダメです。死んじゃったら負けですよ。負けてはダメです」。妻が電話でどなっている。二十分近くもつづいた電話がやっと終わり、ため息をつきながら妻もこたつに足をいれる。

「死ぬなんて、おだやかじゃないね」

「子どもの相談じゃないのよ。親の相談よ。大阪からお母さん……」

「ええ?」

母親が、教養がないとか趣味が悪いとかいわれて、近所の母親たちにいじめられたり、悪口いわれたりしているという相談であった。

「なんということだ。おとなのいじめとは……」

「引っ越ししようか、死のうかって真剣に悩んでるみたい」

妻はそういいながら、郵便物のなかから〝学校外で学ぶ子の会〟の会員に申しこんできたカードを取りだし、パソコンに向かって打ちこみをはじめる。

電話がくる。こんどはぼくが出る。広島から登校拒否の相談。十分くらい話しているうちに、電話の向こうのお母さんは少し気持ちが楽になったようだ。

「ア、ねエ。見て、見て」

パソコンに向かっている妻がぼくをよぶ。

「会員登録ナンバー七九九。あと一人で八百人よ」

モニターの画面にはたしかに「七九九」と出ている。

「四月から八百だから……」

指を折りながら、一か月に百人以上の不登校・学力遅れの子をもつ親が援助してほしいと申しでたことを知る。

「バカ。喜ぶべき現象じゃないよ」というと、妻もうなずいた。

階下から清水君がよんでいる。おりると、二人の婦人と一人の女の子が来ていた。婦人の一人は梅津さんのお母さんだ。

「どうもどうも、すっかり忘れていました。どうぞ」

朝、梅津さんからもらった電話を思いだした。

「小さいころからこのM子ちゃんとうちの娘は仲よしでしてね。年齢《とし》はふたつうちの娘のほうが上なんですが」

梅津さんの娘の妙ちゃんはいま中二だから、小学六年生か——。見ると内裏《だいり》びなのように色白で、目も口も小さく、日本的なかわいいお嬢さんだ。

「お母さんによく似てますね」というと、母娘はニッコリ笑って顔を見あわせる。

「学校へ行けなくなって二か月以上たちます。梅津さんや妙ちゃんにはいつも親切にしてもらっているんですが、なにしろ集団恐怖症といいますか、場面緘黙《かんもく》症といいますか……」

むずかしい専門用語は、通院している児童精神科の医師から聞いたことばらしい。M子ちゃん自身、勉強をしたい気持ちはあり、学校の勉強に遅れてしまうことをとても心配している。できればぼくの塾で勉強できないだろうか、という相談である。

「一人で通えないようだったら、うちの妙子がなれるまでいっしょにすわっていてあげてもいいって……」

梅津さんはM子ちゃんの腕に手をやってやさしくいった。

事務所のそとは、六年生たちの騒ぐ声がいちだんと高くなった。M子ちゃんは、ドアの向こうで大声で声をかけあう見知らぬ子どもたちのことが気になっているらしく、ときどきドアのほうを向く。

「心配ないよ。元気だけど、みんな親切でいい子だよ」

あまりににぎやかなわが塾のようすにちょっととまどっていたようなM子ちゃんだが、梅津さんやお母さんのニコニコ顔に安心したのか、「ハイ」「ハイ」と、気持ちのよい返事が口をついて出るようになった。

「だいじょうぶ、だいじょうぶ。M子ちゃんねェ、マイペースでやればいいんだから」と、ポンと肩をたたくと、コックリ大きくうなずいた。

さっそく、つぎの週からかよってくることに決まって、M子ちゃん母子と梅津さんは帰っていった。

## 塾の授業は、こうして始まる

始業時の四時四十分を五、六分まわってから教室にはいる。

「チワー」「ンバンワー」「オッチャーン。きょうなにやんのォ」

と、子どもたちの混声合唱。

「オース。チワー。オハヨー」

などとデタラメなあいさつをかわしながら、机のあいだを歩く。握手を求める子もいる。だれかれなくポンポンと背中や頭をたたいてまえへ。黒板のまえへ行く途中でだれかセーターを引っぱる。ふり向くと、野村あけみちゃん。見ると手に新聞紙の包みを持っている。

「また、なにか持ってきてくれたの。アリガト」

「お母さんがね、みんなに見せてって」

新聞紙をはがすと、なにやら野菜のオバケのようなものが出てきた。

「ヒェー」「なんだ、それ」

子どもたちも見たことがないらしい。あけみちゃんはニコニコ得意気に笑ってる。

「なんだ、コレ」

小町がさっそく出てきてシゲシゲとながめる。あけみちゃんは、野菜のコブを一つポロッと取ってみんなに見せた。

「メキャベツ」

「ああ、これがメキャベツかァ」

太い茎に鈴なりになっている芽キャベツなんて、ぼくもはじめて見た。子どもたちは、あけみちゃんの持ってきてくれた〝もぎりまえの芽キャベツ〟に群がってひとしきりながめていた。

野村あけみちゃんのお母さんは練馬の地域では、ちょっと名まえのとおったお母さんだ。平和運動、PTA、生協活動など。以前から顔見知りだった。お母さんはずっと〝塾〟には反対だった。そのお母さんがどういう心境の変化か、あけみちゃんがぼくの塾に来ることを認めた。三か月まえから通ってくるようになったあけみちゃんは、ほとんど毎週のようになにかしら塾へ持参する。にんじん、山芋、大根、ジャガイモ、牛乳、卵……。野村さんの家は小さなスーパー兼八百屋さんだそうな。

黒板に"cabbage"と書く。

「さて、読めるかな」

サッと三、四人の手があがる。ハイ、ハイ、ハイ、と一人で何回も声を出すのは船渡君とひろみ。たいてい決まっている。船渡君が「キャベッジ」と正確に発音する。ひろみがプッとふくれる。ほかの子は「へーッ」という顔。

おもしろいことに船渡君は四年生で、ひろみは五年生。六年クラスのなかでは下級生にあたる。それでいてよく手があがる。ついでに説明すれば、船渡君はわが塾のはじめての"二代目"塾生である。船渡君のお父さんはもとぼくの塾生で、いまでは船渡君の"保護者"というわけだ。船渡君は二十年まえのお父さんそっくり。しぐさや声まであまりに似ているので、ときどき心のなかで吹きだしてしまう。

「芽キャベツって英語でなんていうの」

突然、小町が大声できく。

「ム……"芽"はbudっていうんだから……bud cabbageかなァ……」

ぼくは自信がない。清水君に助けを求めるが、清水君も首をかしげている。

「クマさん、しらべて」

クマさんは清水君の愛称。たいていの小学生は彼の本名を知らない。ときどき子どもに聞かれると、清水君は「東進熊五郎」なんて、トボケている。清水君が和英を引いて、ぼくに見せる。

「……ロールキャベツ……花キャベツ……カリフラワー……か。ないねェ」

だれかが、「アメリカには芽キャベツないんだよ」と、知ったふうなことをいう。登校拒否をしている恵子ち

やんが、

「小さいキャベツだからスモール・キャベツとかさァ。でなきゃ、ベビー・キャベツなんていえばいいんじゃない」

恵子ちゃんはいま十四歳で、学校へ行っていれば中学二年生。でも、小学六年から行っていないので、いま六年生といっしょに勉強している。ひらめきのいい子だ。

「さすが恵子ちゃん。baby cabbageか。きょうのところは、それにしとこ」

ぼくもいいかげんんだ。

〝This is a baby cabbage.〟

なんて〝いいかげん英語〟の授業がはじまると、教室のうしろのドアからドヤドヤと一団がはいってくる。

「ハイ、いらっしゃいませ、いらっしゃいませ。どうもおつかれさん。いいお席が空いてますよ。どーぞ」

おどけてぼくが声をかけると、ほっぺたを赤く染めた由紀ちゃんを先頭に四、五人が元気よくあいさつしながらはいってくる。最後に顔を出したのが〝大町〟君。弟の〝小町〟と目を合わせ、ちょっと手をあげてはいってきた。

ここでちょっと〝大町〟君と〝小町〟君について説明しておこう。〝大町〟〝小町〟はじつは本名を「町田」と言い、二人は一つ違いの兄弟なのである。たまたま二人はおなじクラスで授業を受けることになり、おなじ「町田」ではまぎらわしいこともあって、兄のほうを〝大町〟、弟のほうを〝小町〟とよぶことにした。兄弟ではあるが、塾生としての〝先輩〟は弟の〝小町〟君のほうだ。

〝小町〟君はおもしろい。多動型で授業中もほとんどいすにすわってはいない。ほかの子の机のまわりを歩きながらのぞきこんだり、黒板のまえまでやってきて、「これ、なんていう字？」などと指さしたりする。算数「1」、国語「2」というのが学校の成績らしいが、知識欲は十分にある。それになによりクラスの人気者。家はおもちゃ屋さんで、お父さんは明るくて屈託のない人だ。「先生に息子はまかしたんだからね。なんとか一人まえにしてやってくださいよ」なんて言ったことがある。

「勉強だいきらい」といってた息子が、ぼくの塾に来るようになってから「おもしろい」と言いはじめた。それで信用されたらしい。

「兄貴のほうもデキが悪くてね。英語なんかチンプンカンプンらしいですわ」

というので、兄も通塾することになった。おもしろいことに、弟とおなじ六年のクラスにいれてくれ、と本人がいう。そんなわけで、町田君兄弟はおなじクラスになった。それでも、授業中はやっぱり兄の〝大町〟のほうが一日の長。弟の〝小町〟が答えに窮してモグモグやっていると、サッと手をあげて弟の代弁をする。なかなか美しい光景だ。

さて――。その〝大町〟君が最後に教室にはいってきて、

「オッチャン……だれか、オバサンが玄関に来てるよ」

と、ぼくに報告してくれた。

「ム？　……ちょっとタンマネ」

授業を中断して出てみると、宮本さんだった。宮本良介君のお母さんが、買いもののついでに授業をのぞきに立ちよったのだった。

「どうぞ、どうぞ。オーイ、良介のお母ちゃんだぞ、授業見学だゾー」

みんなに紹介すると、お母さんはニコニコ笑いながら小さくなってうしろの丸いすにすわり、買いものかごを机に置いた。それをチラッと見て、良介は恥ずかしそうにうつむく。まわりの子が、なにやら良介をからかっている。

"This is～" "That is～"の勉強を再開。

"This is Ryosuke." "That is Ryosuke's mother."

と黒板に書く。子どもたちは元気に、「ジィス　イズ　リョースケ」と、読みながら笑っている。

「ザット　イズ　リョースケズ　マザー」では、全員うしろをふり向く。すっかり良介とお母さんがてれてしまったので、すこし勉強の方向を変えることにした。

Ryosuke's の——'sの説明。th［ð］の発音練習。

this that then they mother father brother と書いて、舌をかむ発音の練習。みんなで発音し、そのあとひとりひとりあてる。自信のありそうな子からあてていく。読んだらつぎはノートに書き写しする。みんなノートを出して黒板の英語を書く。

気がつくと、いつのまにか息子の利が子どもたちのあいだをまわっていた。子どもたちは、「オッチャン」「クマさん」「トシちゃん」とよびつけては、「これでいいの」「この字なんだっけ」などと聞いている。

## どこまで仕事？　どこから生活？

一時間の英語が終わると、十分間休憩して、数学に変わる。数学は、清水君がメインで、ぼくと利がアシスタントを勤める。しかし、それもキチンと決めているわけでもなく、ときどき入れかわったり、清水君とぼくとでかけあいで授業をやったりすることもある。六年生(中心)のクラスが終わると、七時から中学二年(中心)の授業。教室は二つに仕切り、それぞれ二十名くらいずつに分かれる。R(右)の部屋ではぼくと清水君で数学を、L(左)の部屋では妻と息子の利が英語を、というぐあいになる。

それに、きょうは木曜日だから、高校生の山中毅君と大岩冬樹君の二人がアシスタントとしてやってくる。偶然ではあるが、中二のクラスには山中君の弟・仁君、大岩君の妹・春野ちゃんがそれぞれ塾生として出席している。つまり、自分の弟や妹を、塾でめんどうをみているということになる。はじめのころは、ちょっと照れていたが、しばらくたつと、二人ともなれてしまったようだ。

「ちがうよ、オマエ」

「いいんだよ、それで」

などと、二人の兄貴も弟妹に声をかけることができるようになった。

中二のクラス、といっても、六年や他の学年同様、上級学年の中三、下の中一の生徒も自分の希望で出席しているから、やはり学年・年齢はいろいろだ。

授業がはじまってみると、出席率がいい。T中の男子・女子もほとんど来ている。

「あれ、キミら、きょうは学年閉鎖じゃなかったのか」と尋ねると、「そう」と、みんな涼しい顔をしている。

杉山則子が、「家にいたってつまんないんだもん」というと、まわりの女の子たちも同調する。則子は母子家庭で、母ひとり子ひとりだ。則子以外にも、家にいるより塾に来てるほうが落ちつく、という子がいる。はて……。

授業は「図形の証明」をやった。清水君が授業をやり、ぼくが生徒たちの机のあいだをまわる。アシスタントの山中君もまわっている。大岩君はとなりの教室で息子の利と二人で妻の英語の授業のアシスタントをやっているはずだ。

授業はあっというまに終わり、気がつくと九時をまわっていた。

「冷えこんでるから早く帰るんだよ」

追いだすように帰宅を促すのに、生徒たちはなかなか帰ろうとしない。ぼくやアシスタントをつかまえて、学校や友だちのことを話しかけてくる子、友だちどうしでなにやら大声で約束しあっている子、マンガを交換してる女子、ジャレあっている上級生と下級生。ひとしきり、ワイワイやらないと教室を出ようとしない。いつものことだ。

スタッフ全員で玄関に立って、ひとりひとりバイバイしてやってやっと戸締まりとなった。九時半だ。

毎週金曜日の夜は、授業後、食事をとりながら、清水君をはじめアシスタントの連中もまじえて、その週の反省、意見交換、それぞれが見た心配な子たちの話などで夜がふける。しかし、きょうは木曜日。清水君も山中君たちも軽く、きょうの報告をして帰っていった。

十時近く。食事をしているところへ電話。丸山さんからだ。

「きょう……仕事……大きな山を越したんで……ちょっとだけ……いいですか」

会社からの帰途、中野駅からの電話。少々飲んでるらしい。丸山さんの息子さんは二人で、五年生の耕君と中二の潤君。四年まえからのおつきあいだが、いまでは一家全員が親戚のような関係になってしまった。丸山さん夫妻は毎月の第二土曜日に開く「元気がでる――土曜会」の世話役を引きうけてくださっている。

「土曜会」というのは、わが塾の父母のみならず、地域や地域外の父母も加わって、わが子のことで悩みごとや相談がある人はだれでも集まっていいことになっている会で、毎月だいたい二十人から二十五人くらい集まる。午後七時からはじまるのだが、九時をすぎるとビールやジュースが出る。つまみやお茶受けは集まる人がそれぞれに持ちよる。はじめのころはお母さんが多かったが、このごろでは父親の顔もだいぶふえた。ビールが出る、というので、なかには「飲めるのなら出ようかい」といって出てきたお父さんもいたことから、別名〝出よう会〟ともよぶようになった。

「元気がでる――土曜会」は、いわば地域のよろず集団相談所のようなところがあり、困っている人には集まった人たちでいろいろ知恵を出しあって、なんらかの役にたっているようだ。でも、常連さんにとっては、どちらかといえば交流兼飲み会という感じである。

丸山さんは、「土曜会」ではいつもいちばん乗りであるが、それ以外でもいっしょにイッパイ、ということもしょっちゅう。丸山さん(ご主人)は一流企業の中間管理職。日夜、企業社会のなかで仕事を続けておられる。ぼくは企業と関係ない私塾の教師。でも、丸山さんと話していると楽しいばかりでなく、すごく勉強にもなる。ありがたいことだ。それを口にすると、丸山さんはこういう。

「いやあ、先生のおかげで、自分の子どものこともすこしはゆったりと見られるようになりましたよ。土曜会やなんかでいろんな職業の人たちとも人間どうしのつきあいもさせていただけて……。会社人間だけのつきあいではダメですね」

要するに、丸山さんもぼくも、お互い自分の立っているところからは見えないものを学びあっているのかもしれない。

丸山さんは、電話があってから二十分ほどでわが家へ到着した。

「少々、飲んでます。でも、どうしても、ちょっとだけ顔をみたくなりましてネ……」

コタツに移動して、丸山さんとあらためて飲みはじめる。妻がいそいそとおつまみを運んでくる。

「けさ、まえの高木さんからもらったカマボコ……。おいしいですよ」

丸山さんは「ホウ、では」と言いながら、さっそく手づかみでカマボコを口に運んだ。
二、三十分たったころ、丸山さんの奥さんがなにやらビニールの袋をさげてやってきた。妻も息子の利も参加して、コタツはにぎやかになった。長男の淳も会社から帰ってきた。会社の話、仕事の話、地域や子どもの話と、それからそれへと広がる。
丸山さん一家をはじめ、地域の人たち、子どもたちのおかげで、きょうも楽しい一日だった。

# I　もう一つの学びの場

## 私塾の役割

## 私塾は増加の一途

私塾が増えています。学校での勉強がわからないから、という子や親の要望でそうなったという人たちもいますし、受験に合格するためには学校だけではまにあわないので、と考える人たちもいるでしょう。なぜ、これほどまでに塾に通う子どもたちが増えたのか、という詮索《せんさく》はさておき、とにかく全国の私塾数は増加の一途をたどっていることはたしかです。

文部省は十年まえ(昭和五十一年)に〝乱塾〟の実態調査を実施しました。その発表によれば、学習塾数は全国で約五万、小学校低学年で五・三パーセント、同高学年では一九・七パーセント、中学生は三八パーセントの子どもたちが通っており、その数は、およそ三百万人となっています。

〝乱塾〟といわれた当時でも、全国の中学生の三人に一人は塾に通っているという事実を示されたとき、多くの人たちはショックを受けました。つぎのグラフを見るとよくわかりますが、塾数が急激に増加したのは昭和四十六年から五十年にわたる五年間で、当時の塾数の三五・六パーセントは、その五年間に開かれた塾でした。まさに〝乱塾〟といわれた時期であったわけです。

ところが、あれから十年。文部省の手になる実態調査が先ごろ発表されました(昭和六十一年四月)。一方、民間でもいろいろと調査され、データも発表されています。たとえば、昨年(昭和六十年)一月に、東海銀行が東京・大阪・名古屋の大都市を中心に行なった調査がありますが、これによれば、小学生三六・五パーセント、中学生五八・六パーセント、つまり、小学生では三人に一人強、中学生では二人に一人強が通塾していることになっています。

また、今年(昭和六十一年)の二月十九日付発表の公正取引委員会の調査結果によれば、全国における通塾者数は、小学生二百八十万人、中学生三百万人、塾数が約十万となっています(「教育産業に関する調査」公正取引委員会発表。一九八六年二月二十日『毎日新聞』による)。

文部省の調査と民間による調査を、同一に判断することは妥当ではないかもしれませんが、前述のグラフでは、十年まえの文部省による調査の結果に今回の公正取引委員会の結果をつなげてみました(……で示した部分)。横軸は五年ごとの区間で目盛りを等しく打ってありますから、塾増加のようすは、およそ、こんなぐあいと

一九七六年「児童生徒の学校外学習活動に関する実態調査」……文部省(昭和五一年)

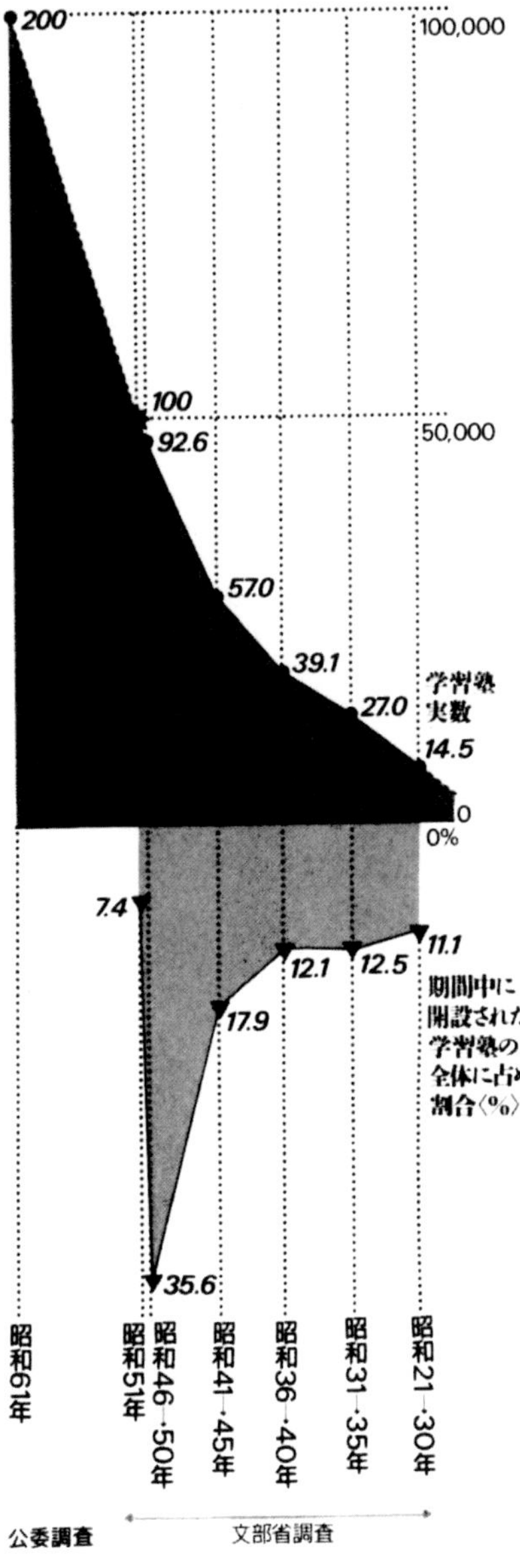

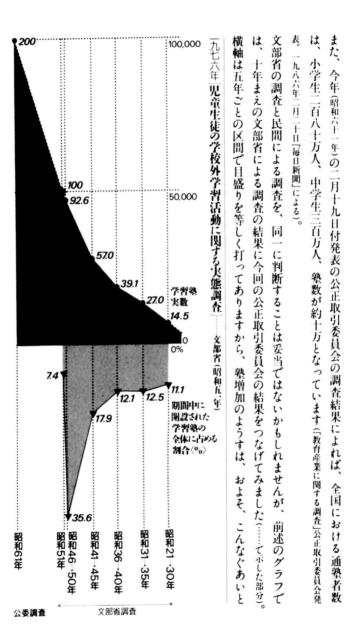

考えてよいと思います。すなわち、塾数は十年まえのおよそ二倍、二十年まえの五倍になっており、その数は現在十万ということです。また、そこにかよう子どもたちの数も、これまた十年まえのおよそ二倍弱と考えられます。塾数も、通塾する子どもたちも、その数は減るどころか、ぐんぐんと増えつづけているわけです。

## なにを求めて私塾へ

ここでもういちど、最近の文部省による調査と、東海銀行の調査をべつの観点でみてみます。

**学習塾に通わせてよかったこと**

①―学校の勉強がよくわかるようになった……三六・六％
②―塾の先生は熱心に教えてくれた……三二・六％
③―勉強に興味や関心をもつようになった……一九・五％
④―学校の成績があがった……一二・四％

**なぜ、塾へ行かせるか**

①―子どもが希望するから……五二・三％
②―自分一人では勉強しようとしないから……三八・〇％
③―学校で習うことがむずかしくて家庭で教えられないから……二九・一％

④——塾では勉強に興味や関心をもたせながら教えてくれるから……二八・九％

これが今回（昭和六十年）の、文部省がアンケートで調査した結果です。では、こんどは民間の東海銀行による昨年（昭和六十年）のデータです。

**なぜ、塾へ通わせるのか**

［小学生］

①——子どもがとくに希望するから……………三七・五％

②——学校の指導だけでは不安……………三〇・八％

③——学力が不足しているから……………一九・六％

［中学生］

①——学校の指導だけでは不安……………三六・六％

②——学力が不足しているから……………二〇・五％

学校は勉強を教えてもらう場所でした。学ぶことは楽しいことであると教えてくれて、どの子も心身ともに健康で賢くしてくれるところが学校であったはずです。ところが、昨今では、学ぶ楽しさを教えて、学力をつけてほしい、という願いが、もはや〝学校〟にではなく〝塾〟へ向けられているかのようです。

## 学校外で学ぶ子のためのネットワーク

ここに一通の手紙があります。ある母親からのものです。

> 一、二年のときはあまり宿題もなく、私も、はじめての子でもあり、低学年のうちはのびのびとと、あまりうるさく言いませんでした。成績は、ふつうでした。けれど、三年の担任が学校内でも問題の教師で、毎日ヒステリックにおこり、きびしいので、学校にも行きたがらないようになりました。宿題も、急にたくさん出るようになり、学童クラブにはいっているため、帰宅後に(五時すぎ)はじめなければならないのに、グズグズと、なかなか取りかかることができず、十時、十一時になることが、たび重なっています。
>
> 一学期は、それでも、ふつうの成績でしたが、二学期はすべてがさがり、本人は、「どうせ私はできないのだから」と、投げやりになってきています。このまま、勉強ぎらいになっていくのが心配です。
>
> 私自身は、どちらかといえば、学校大好き人間でしたので、子どもの状態に対して、「どうして? なぜ? わからないの? きらいなの?」という態度になってしまい、子どもに対してイライラしてきて、ついついおこってしまうのです。理屈では、もっとやさしく接しなくてはいけないと思いつつ、あまりのやる気のなさに対して、腹をたててしまう毎日です。
>
> 担任は、子どもの気持ちをわかってくれない人で、勉強がよくできて、言うことを素直にきける子

はよいのですが、その他の子に対して、みんなのまえで、平気で心を傷つけたり、体罰もしたりしています。子どもの心がとてもあれてきているのが心配で、担任を四年になったら変えてほしいと、運動を起こそうかどうか、悩んでいるところです。

たんなる学習塾ではなく、子どもの立場に立って、学ぶことの楽しさを教えてくださる支援塾を、ぜひ御紹介ください。——福島県・Kさんからの手紙

Kさんの手紙にある「支援塾」とは、ぼくと、ぼくのなかまたちで昨年スタートさせたばかりのネットワークです。正確には、「学校外で学ぶ子の支援塾全国ネット」というのが正式の名称なのですが、「支援塾ネット」などとよばれているようです。これは、じつはいまから十二年まえ、民間の教育研究会として「わかる子をふやす会」という研究会を組織し、以来、学校の内外で、どうしたら子どもたちひとりひとりに学ぶ楽しさを味わってもらえるか、ということを研究しつづけてきたことと関連があります。

「わかる子をふやす会」をつくった当時は、〝落ちこぼれ〟ということばが出はじめたころで、やはり、学校の勉強についていかれない、という子どもたちが大きくクローズアップされていました。ところが、ここ数年は、落ちこぼれの増加のみならず、いじめ・登校拒否・自殺が、毎日のようにマスコミに取りあげられるようになってきました。このような深刻な状況がある以上、ぼくたちは、自分たちの私的な研究をしているだけではいけない、という思いになりました。そこで、とりあえず、〝登校拒否〟と〝学力おくれ〟の子どもたちへの援助を、学校のそとの私塾で積極的にしようと、「支援塾ネット」をつくったのでした。

昨年の一月から呼びかけ、現在(昭和六十一年二月)までに、全国で四百塾が「ネット」に参加してくれましたが、そ

のことを知った全国の父母や子ども本人からの問いあわせ、相談もあいついで寄せられるようになったのです。昨年の四月からきょうまでのおよそ十か月間に、その数は千五百件にものぼりました。引用させていただいた福島県のKさんの手紙も、その千五百件のなかの一つです。

Kさんの手紙はそれらの代表的な内容といえますが、いまや、学校での勉強や生活に元気を失っている子が全国的に増えつつあります。学校に行っても楽しく勉強ができない、とすると、これはもう義務教育といえども、学校ではすべての子には学ぶ楽しさ——学習権とでもいうのでしょうか——を保証してもらえない、ということになります。

とすると、〝勉強は学校で〟という常識が、もはやこういう子たちには通用しなくなってきているのかもしれません。

ドキュメント・地域ミニ塾1

# はるか大分の空の色

小学一年生のとき、入学して三日目、父が脳出血で入院、手術。父親の容態が容易ならないことを感じてか、それから学校へ行くのをいやがるようになった。私(母)が連れて登校して行くようになる。しばらくして、一人で行けるようになり、二年生も頑張って登校、父も八月に退院する(右半身麻痺、杖にて歩行。失語症となる)。

三年生になり、友だちに学校で殴られる。以後、どうしても行けなくなり、悩む。父親も息子を見ていて、ものは言えないまでも涙ぐむこともあり、ときどき発作。本人も何か感じとったのか、それ以前から薦めていた養護学校へ自分から移ると言いはじめ、二学期より移る。子どもは、やや元気をとりもどし、「友だちもできたヨ」と親を安心させる。

三学期になり、また、もとのクラスへもどる。でも、「勉強がわからない」ということで、考えたすえ、親(私)もいっしょに学校へ行く。三週間ぐらいして、遠足がきっかけで一人で行くようになる。

四年生。先生の受け入れがよく、気持ちも合って元気に登校する。二学期はときどき休んだ程度。

三学期。身体の調子が悪いのか、ときどき遅れて学校に行く日がある。でも、自分に言いきかせるように頑張って家を出る。

五年生になって、学校へ行かなくなる。勉強もわからなくなったようで、元気がまったくなくなる。以後、二日間、友だちの迎えで行く。一日だけ、一人で行ける。そのほか、まったく行こうとしない。

現在、校長室までは行くが、教室にははいれない。校長室にも、最近ではいやがりはじめた。

今年（昭和六十年）の六月末、ぼくのところへ寄せられた相談である。上田義之君（十歳・小学五年生）のお母さんからのもの。お母さんは、義之君の性格を、「心配性」「気にしやすい」「明るい」「やさしい」と書いておられる。完全不登校になってから三か月と手紙には書かれていた。

家族は病気で寝たきりの父親（四十九歳）と、母（四十二歳）、子どもは義之君のほかに、兄（十二歳・中一）と姉（十四歳・中三）、それにもう一人、伯母《おば》（母の姉・八十二歳）で、総勢六人家族。九州・大分に在住。海岸線が美しい小都市らしい。

## 支援塾へバトンタッチ

「支援塾」は九州で十。そのうち、たまたま以前から知りあいの内山直さんが大分にいた。さっそく連絡をとり、上田さんのお母さんにもはがきを送った。

「学校へ復帰すること」イコール「不登校児の立ちなおり」とは考えてはいない。でも、もし本人が、また学校へ行きたい、と考えたとき、義之君の場合のように、「勉強がさっぱりわからない」という状態ではつらいにちがいない。せっかくもどろうとしても、これでは「浦島太郎」で、学校になじめないだろう。全教科・全単位とまではいかないだろうし、そんな必要もなかろうが、少なくとも「読み・書き・ソロバン」といわれる主要教科のだいじな部分くらいはわかっているほうが元気も出よう。そんな、いわば、休学中の「学力援助」のようなことは、ぼくたち私塾でも可能だろう。

内山君の塾は塾生五十人たらずの家庭ミニ塾という感じだ。ときどき、内山君自身が発行している「塾通信」がぼくのところへ送られてくる。小人数で、「ダーレがセートでセンセーか」という和気あいあいの雰囲気が、その通信のなかから伝わってくる。

内山君は、五年まえまで高校の教師をしていた。「生徒とおなじレベルでつきあっていたら、クビになっちゃった」と彼はいう。子どもたちと本気でかかわろうとすればするほど、学校の同僚や校長と波長が合わなくなってしまったらしい。変に使命感ぶったり、リキンだりしていないかわりに、地域や塾内でハメをはずしすぎて失敗ばかりしているらしい。その内山君に義之君とのかかわりをお願いしたのは、つい三か月ほどまえだった。その後、内山君からも義之君のお母さんからもなんの連絡もなかった。

## 届いた手紙

超多忙。夏休みも終わり、九月の新学期も始まると、夏以上にいろいろな問題が持ちこまれ、仕事が押し寄せてくるようになった。一つ片づけると二つ増えているという感じの仕事や雑用に追われていた。一週間ほどまえ、一通の手紙を手にした。

前略、お礼がすっかり遅くなり、申し訳ございませんでした。ご紹介いただきました内山直先生のところへ、いま、通塾いたしております。とっても心広く、やさしい先生で、子供もだんだんと元気になって、家でもおしゃべりが多くなり、はしゃいで、生き生きとした姿になってきました。

先日、塾で子供たちの勉強している様子を見たのですが、何やらべちゃくちゃ話して勉強しています。算数の分数計算でしたが、わかっている様子です。明るく、楽しそうに勉強している姿に驚いてしまいました。ほんとうに久しぶりというか、あんなに明るく、楽しそうで、元気な姿を初めて見た思いで、うれしく、感謝一杯でございます。

先生も無報酬に近い状態で、心より接してくださっています。

いま、子どもは五年生ですが、子も親も、先生方のご活動、心よりありがたく、感謝いたしております。この運動が大きな輪となって大分の空にも広がって、多くの人が楽しく教育され、しつつ、心生き生きと過ごせることを念じています。

親子ともども、ほんとうに、心よりお礼申し上げます。

昭和六十年九月二十六日

上田敏子

義之

手紙を読みおえて、さっそく受話器をとった。義之君のお母さんは「ハイ、ハイ、上田でございます」と、明るい声で出られた。東京の八杉ですが、と名のり、手紙のお礼を言った。義之君は、元気で内山君の塾へ行っているとのこと。

「とっても喜んで……おもしろいし、楽しいって帰ってきます」

学校へは……と尋ねると、まだ、行けない状態だ、と。

「あせらなくていいですよ。義之君が元気になって、明るくなることだけを、まず喜んであげてください」

「お母さんもたいへんでしょうね。何もできませんが、心のなかで応援しています。お父さんもだいじにしてあげてください」

明るく、ハイ、ハイと聞こえていた声が一瞬とだえた。

「……ありがとう……ございます」。電話の向こうで、お母さんは泣いていた。

昨日まで降りつづいた秋雨も、けさは、秋晴れに変わった。新聞では、九州地方も「曇り後、晴れ」とあった。

## "個"が埋没している

ついさきごろ、ぼくの塾でアンケートをとり、話しあいをしました。小学五年生から中学二年生までが対象でした。「あなたは先週一週間で、先生に声をかけられましたか」というのがテーマです。項目は、①何回くらい、②声をかけられた場所、③声をかけられた内容、④授業中の発言、の四つです。

いくつか発見がありましたが、つぎの点で少々驚き、なかば考えてしまいました。

まず、一週間に一度も先生から声をかけられなかった子、授業中に一度も発言しなかったという生徒が少なからずいたことは驚きでした。それも、小学生ではそれほどでもありませんが、中学生になると圧倒的に多くなっていることでした。アンケートでは記名・無記名は自由でしたので、話しあいのときに、どんな子が声をかけられなかったかをしらべてみました。すると、声をかけられなかった子のほとんどが、「おとなしい子」「消極的な子」「目立たない生徒」でした。

また、「声をかけられた」子どもたちで、その「内容」の項目をみますと、「叱られた」「注意された」が「ほめられた」と比べてだんぜん多く、「そのほかのことで」に○をつけた子も「○○さん△△しなさい」のように先生から命令されたり注意されたりというのが多かったのです。

要するに、学校では私的に声をかけられる場合、叱責《しっせき》、注意、命令がほとんどで、あとは〝まとめて扱われている〟感じです。〝まとめて〟ということは、〝集団〟としてということでしょう。たしかに学校というところは、集団生活をとおしてさまざまな人間と交わり、そのなかから他者の都合やおもしろさを学び、自分自身も社会性を養っていくところといえます。しかし、〝まとめて〟ということになると、その集団としての意味もちょっと変わってきます。ひとりひとりのカラーは一色に塗りつぶされ、おのおのの都合や特質も見落とされがちになります。

中学校などでは、生徒の名まえと顔が一致するのは三分の一ぐらいが平均、と聞いたことがあります。先生のほうからみて、生徒が〝一人ずつ〟にみえない、とすれば、それは〝個の埋没〟といえなくもありません。おそろしいことです。

ぼくはアンケートをながめているうちに、ある光景が思い浮かびました。それは、たくさんの子羊が、ひとりの人間によって、ある方向へ向かって集団移動させられている光景です。ときおり列からはみ出しそうになる羊は、容赦なく大声でどなられ、ムチをくわえられます。のそのそ歩きで遅れがちな羊も、うしろから追いたてられ、ピシッピシッとムチでたたかれます。どうにも集団の歩調に合わず、倒れてしまったり、疲れて座りこんでしまった羊は見捨てられてしまうかもしれません。

とにかく、羊たちを御《ぎょ》している人間には、一頭ずつの名まえも顔も、性質も、ほとんど見えない状態になっているのです。

## 〝公〟から〝私〟へ傾きはじめた

かつては塾といえば、学校での勉強の補習か上級学校への受験準備のために通うところ、という見方が一般的でした。ところが最近では、もう一つの傾向がだんだん広がっているように感じられます。

それは、塾へ通う子どもたちが、学校とはまったくちがう感覚をそこで体験し、その快さが、ほかの子どもたちにも伝播《でんぱ》している感じです。つまり、たしかに塾でも勉強を教えてくれるのですが、その雰囲気や方法が、学校のそれとは異質である、ということです。言いかえれば、勉強は塾と子どもたちとの一つの接点になってはいるものの、子どもたちをして快く感じさせるなにかが、私塾にはあると考えられます。

小人数で、家庭的な雰囲気。そこへ集う子は、兄弟姉妹か身近な仲間のようでもあり、学校の成績やランクに関係なく、暖かく自分を理解して接してくれる大人がいる。ひとりひとりの味方になって、相談にものり、はげましてもくれる。学校では得られない、そうした雰囲気が子どもたちの足を私塾へ向けさせているのでしょう。

私塾のなかには、有名校や偏差値の高い学校へ何人合格させたかを競いあうようなマンモス進学塾もあります。しかし、こうした大規模塾を混じえて計算されたデータでも、一塾当たりの平均は五十—六十人となっています。つまり、五百人、一千人、二千人と塾生を抱えている進学塾の対極には、十数人からせいぜい四、五十人までの小規模塾が、大手塾と比較にならないほどたくさんに存在していると考えられます。

こうした、地域に密着した小規模塾では、子どもたちを集団としてとらえたかかわり方をしているとは思われません。きっと、ひとりひとりの子どもの都合につきあっているはずです。子どもたちにしてみれば、暖かく自分を理解してくれる大人や仲間がいる場というのは、いごこちがよいにちがいありません。そのうえ、規則も罰もなし、テストによるランクづけも成績評定もないところでは、ゆったり、自由に自分の学び心をふくらませることができるのでしょう。

塾は、是が非でも行かなければならないと決められたところでもありませんし、行くにしても、塾選びは子ども自身と親の側の自由です。つまり、自分の意志ですべて決められます。

こうした、自由さ、柔らかさ、暖かさを学校以外のところで体験している子どもたちは、学校と異質なものをそこに感じているはずです。それがとめようとしてもとめられない勢いで広がり、増えていることを認めないわけにはいきません。

子どもたちと教育の波は、〝公〟から〝私〟へ傾きはじめた、といってもいいのではないでしょうか。

いろいろなデータからわかることは、地域密着型の小さい私塾が、このところ急速に増えつつあることです。対照的に、中規模・大規模の、いわゆる企業型進学塾などでは、設備投資や人件費・広告宣伝費などの出費がたたって、倒産したり、規模縮小に踏みきったり、というところもあるようです。

いずれにしても、小型・家庭的雰囲気の私塾が増えつづけているということは、それだけいまの子どもたちや親たちの要望・需要があることを物語っているわけで、その傾向は、これからも強まりこそすれ弱くはならないようです。

また、こうした需要に呼応するかたちで開塾をする人たちも、年を追うごとに増えています。主婦専業であった人が、なにか社会的に意義のある仕事を、と決意して私塾をはじめる人たち。教師をめざしていたが、学校より私塾のほうが自由で思うぞんぶん自分の思いを打ちこめそうだ、と考えてはじめる若い人たち。なかには企業戦士に疲れはてて、という脱サラの人たちもいます。

また、最近ぼくと接触をもつようになった人びとのなかには、こんなケースもあります。海外駐在勤務から帰ってみたら、子どもが日本の学校になじめないとか、わが子が特殊学級行きをすすめられたとか、あるいは、登校拒否になってしまったとか、というような問題をかかえる親がかなりいます。そういう、公教育から締め出され、失望した親たちのなかから、自発的に私塾をはじめる人たちが出てきました。私塾というよりはフリー・スクールといった感じのもので、わが子をふくめた子どもの学び場、〝子どもの群れ場〟を自前でつくっているのです。

アメリカでは、このように自前で親がミニ学校(フリー・スクール)をつくったり、公教育を拒否して、自宅で子どもを教育したりするホーム・スクーラーが増えているとききます。オランダでは、だれでもかんたんに学校をつくることができ、市民主導の学校運営が可能ともいわれています。日本では、アメリカやオランダのように親が学校をかんたんにつくることなどできませんから、〝私塾〟というかたちではじめるしかないのです。これも、新しい波といえます。

もっともショッキングな傾向は、学校教師の私塾への転身です。この傾向は、かなり以前からないではありませんでした。かつて、〝塾のほうがもうかりそう〟と考えて私塾に転向し、それなりに収入を得ている人たちもいるようです。しかし、最近は明らかにこれとはちがった傾向がみられます。学校でそのまま教師を続けていたほうが、ある意味ではずっと楽でもあり、経済的にも安定しているというのに、あえて転身するという人たちの出現です。

学校教育の限界に突きあたって、やむにやまれぬ思いで転身する人たちが増えており、ぼくのところへ開塾の知恵を貸してほしい、と訪ねてこられる人たちのなかの半数近くが、こういうかたがたです。みすみす収入も減り、教師という社会的地位を失うことも承知で、「私塾を」と決心される人たちは、学校の内情をよくよく承知しているだけに、真摯《しんし》です。悲壮というか、そんな思いさえ感じられます。

学校のなかに踏みとどまって、なんとか子どもたちの側に立った教育を、とがんばっている教師たちも多くいることでしょう。でも、どうしても、そのなかではダメ、と自分の生きる場を学校のそとに求める人たちが出はじめたということは、ある意味では公教育の破産を示唆しているように思えます。

ドキュメント・地域ミニ塾 2

# 帰国子女・久美ちゃんのとまどい

「アメリカでずっと暮らすのなら、それでもいいんです。でも……」

いくら長期にわたる、といっても外国勤務はいずれは幕になる。アメリカでの生活もすでに八年。もうこれ以上、子どもたちをアメリカに置いておくわけにはいかない──。

「で、思いきって、私たち三人だけが一足先に帰ってきたんです」

尾添久美ちゃんのお母さんは、そう事情をひと区切り話すと、テーブルのうえの紅茶カップを持ちあげた。二人のお嬢さんにも紅茶をすすめると、

「はい、いただきます」

さっそくペコンと頭をさげたのは姉の理恵ちゃん。妹の久美ちゃんのほうは、ばくのほうをジーッと見つめたままで、しっかり両手の指を組みあわせている。性格はちょっとちがうようだ。

「久美ちゃんは引っこみ思案のところがあるんじゃないかな」

というと、久美ちゃんは口元をちょっとゆるませて、恥ずかしそうに視線を落とした。

「そうなんですよ。ホラ、久美、先生にあてられちゃった」

とお母さんも娘をからかうようにいった。

「家ではよく話すんですよ。ときどき鋭いこともいうんです、五年生にしてはね。でも、学校ではほとんど話さないみたいですね。帰国してまだ一か月たらずですからわかりませんけど……。友だちもまだこれといってとくに親しいかたはいないみたい」

「要するに、環境になじむまでに時間のかかるタイプなのよ、久美は」

姉の理恵ちゃんが妹のほうをみながら助け舟をだす。それを見ながら、ぼくには尾添さん一家の家庭がどんなようすなのか、だいたいわかるような気がした。

「いいですね、姉妹《きょうだい》仲がよくて……」

突然、理恵ちゃんが紅茶を手にしたまま、プッと吹きだしてしまい、お母さんも、それを見ながら手を口元にやった。そんな二人をびっくりしながら見比べていると、久美ちゃんまでクスクス笑いはじめた。いや、久美ちゃんの笑いの種は、むしろぼくのまの抜けたポカンとした顔にあったようだが。

「とんでもない……。二人ともよくけんかをしてくれますよ、家では。それも大きな声で。だんだんエスカレートすると、英語でやりあうんですよ」

「英語でケンカするんですか」。驚いた。まるでアメリカ人ではないか。

「そうなんです。私にもわからないことが多いんですよ」

お母さんはニコニコしながらさらりとしている。

「きょう、先生のところをお訪ねするのにも、ね……」

そう、お母さんは笑いながら理恵ちゃんに相づちを求めた。

「要するに、久美とわたしとは〝ジュク〟に対する考えがちがっていたわけですね」

## 学校へは行きたくない

と理恵ちゃんはいっぱしの大人のように解説する。理恵ちゃんは「塾は学校があれば必要ない」という意見。それに対して「自分が選んで行くか行かないか決められる〝ジュク〟というところで一度勉強してみたい」というのが久美ちゃん。久美ちゃんは、近所の同級生からぼくの塾の存在を知り、一度訪ねてみたいと決心していた。それをお母さんに話し、お母さんは、これまた近所の人たちにぼくの塾の評判をたずね、それを久美ちゃんに伝えた。しかし、そのさい、お母さんの裁定はなく、どうするかはすべて久美ちゃんまかせ――といういきさつだった。それが、きょうになって姉の理恵ちゃんから横槍がはいった、ということらしい。

ところで、久美ちゃんは「自分のことは自分で決める」と理恵ちゃんに言った。でも、理恵ちゃんにも言いぶんはある。このところ、ちょくちょく学校へ行くのをいやがったり、じっさい、ときどき休んでは家にいる妹の生活を知っているだけに、「まず学校生活をキチンとやりなさい」といった。お母さんは、この二人のやりとりを聞きながら考えたという。姉妹でお互い考え方や意見がくい違うというのは、むしろいいことではないか――。

「おなじ娘でも、環境や生まれ育ったタイミングもあって、それぞれ、その子には当然な考えなんでしょうね。ですから、どっちが正しいなんて、私には……」

理恵ちゃんは、いま高校二年で十八歳。小学五年の途中まで、世田谷の小学校へ通っていた。それから父親の海外転勤で一家はニューヨークへ。八年後、ふたたび母娘は日本へもどり、理恵ちゃんは帰国子女のための私学へ通うことになった。

一方、久美ちゃんのほうは、まだものごころもつかないうちにアメリカへ行った。そこで現地人と混じって生活し、一年生から日本人学校でなく、アメリカ人主体のパブリック・スクールにはいった。

「ですから、久美には、自分が日本人だ、という意識があまりないようです。でも、それはそれでいいのではないかと……」

ときどき母親ともぶつかりあうそうだ。そんなときお母さんはハッとすることがあるという。

「自分のなかに長いあいだ意識しないで当然となっていたことで、深く考えもしなかったことがありますね。日本人としてのわたしのアカのようなもの、それを、コツンとこの子から突かれるわけですね」

久美ちゃんが帰国後かようことになった学校は、日本人ばかりの区立小学校。そのなかでの生活はこれまでの世界とはちがいすぎる世界かもしれない。なにしろ、八年間という時間は久美ちゃんの人生にとっては、圧倒的に長い。

久美ちゃんは黙ったままだが、目だけは鋭い。思わずぼくが久美ちゃんの顔に見とれていると、久美ちゃんはそっとソファを立ってお母さんのそばへ寄った。目だけはぼくのほうを見つめたまま、なにやら母親に耳打ちしている。お母さんはしばらくフンフンとうなずいていたが、「そんなこと、自分で先生にたずねるべきよ。おききしてごらんなさい」といった。

どんな内容かはわからないが、久美ちゃんのようすからすると、どうも自分では言いにくいことらしい。ぼくはむりに久美ちゃんに問いただすことをせず、お母さんにたずねた。

「いえ、このところ、久美は学校へ行かないんですね。そのことを八杉先生はどう考えられるのか聞きたいって……」

お母さんのそばにチョコンとすわった久美ちゃんは、お母さんに代弁してもらって、真剣な表情でジッとぼくを見つめた。ぼくは、この小さい少女が、アメリカから帰国し、はじめて日本の「学校」という空間に身を置くにいたった経緯をもう一度頭のなかに反芻《はんすう》していた。——これはひととおりのタテマエで話してもダメだなあ、と感じた。

「まいったなア、まるで、ぼくのほうが面接を受けているみたいですね」

ぼくは頭をかきかき、お母さんのほうを見た。

「――そうですね、本来なら、学校だって塾とおなじように行きたくないときは行かなくていいっていう仕組みになっていなければいけないと思うんです」

いや、学校それ自身、どうしても行かなければならない空間なのだと決めてしまうことは、子どもたちにとってもたいへん不幸なことだ。現に、アメリカでも十年ほどもまえから「ホーム・スクーリング（『GWS』〈グローイング・ウィザウト・スクーリング＝学校教育なしで育つ〉）」の運動が広がりつつある。学びや勉強はなにも「学校」だけの専有物ではないのだから、家庭と本人の方針でどっちでもいいのではないか――。

ぼくは自分の考えを包み隠さず話した。久美ちゃんは黙って、ぼくの口元を見つめていた。

〝入塾面接〟に合格したからか、久美ちゃんは入塾を希望し、お母さんはその場で申し込み書を記入し、サインして帰っていった。

## 先生はインペイシェント

二日後の昼近く、尾添さんから電話があった。

「ご心配かけては、と思っていたのですが、また、きのうから学校を休んでいるんですよ。八杉先生が学校は行かなくてもいいところだっておっしゃったでしょうって……」

お母さんの声はその内容に似あわず淡々として明るかった。あわてたのはぼくのほう――。

〝まさか、こんなことに……〟。電話を切ると、ぼくはバイクの鍵を握ってとびだした。尾添さんの家は鷺の宮の住宅街にあったが、新築したばかりの白い大きな家だった。

「担任の先生だったら会いたくないけど、八杉先生ならいいそうです」

と、お母さんは笑いながら部屋へとおしてくれた。

「わたしも、久美が行きたくなったら、そのとき行けばって……」

お茶を入れながらお母さんは淡々としている。パジャマ姿の久美ちゃんはそんなお母さんをニヤニヤしながら見てソファにあぐらをかいていた。ぼくはなにを、どう話していいのか困ってしまった。明るい初冬の陽が、大きい居間いっぱいに広がって、まるで外国のお城のようだ。

「正直いって、はじめの何回かは叱って、むりに登校させようとしたんですよ。でも、考えてみたら八杉先生のおっしゃったとおりですね」

「勉強もきらいじゃない。友だちも好き。ただ、〝先生〟がきらいなんですって」

久美ちゃんに言わせると、担任の先生はとても〝インペイシェント(impatient)〟だそうだ。インペイシェントとはどういう意味かたずねると、「許容することのない」「自分をコントロールできない」という意味らしい、とお母さんがいう。自分の思いどおりにならないと、すぐエキサイティングして、早口になり、平手や本で生徒をたたいたりする。ユーモアやゆとりややさしさがまるでなくて、きらわれワンパク少年みたいだとも。そのうえ、いろんなことを押しつけてやらせ、それを"プロミス(約束)"として一方的に解釈し、違反者を力で罰する。

そんな先生を、久美ちゃんはこれまでは冷ややかに見つめるだけだった。ところが、きのう、やはりきょうのように登校しなかった。担任の先生が訪ねてきてベッドのしたにもぐりこんでいる久美ちゃんを引きずりだし、学校へ来るように説得した。そのとき、先生は「キミが来ないとみんなに迷惑をかけることになる。キミのわがままだけを許すわけにはいかない」といったという。

このことばは久美ちゃんにとって大きなショックだった。登校をしないことがなぜ級友に迷惑をかけるのか、久美ちゃんにはわからない。お母さんも先生にたずねたが、納得できる回答は得られなかった。帰りぎわ、「あすからちゃんと学校へ来なさい。約束だよ」と担任は言った。そして、けさの十時ごろ、先生はたいへんおこって電話をしてきた。久美ちゃんはよばれたけど電話には出なかった。そのかわり母親がしかられた。「きのう約束したのに、一日で破るとは」と。久美ちゃんは「わたし、約束なんかしていない」といって泣いた。

その日、ぼくは久美ちゃんにもお母さんにもなんのアドバイスもできず、お茶をごちそうになっただけで尾添さん宅を辞した。

## きらいなものから逃げたら負け

久美ちゃんはその後、塾は休むことなくかよってきた。ときどき、「学校、行ってる?」と聞いてみたが、目を落として首を左右に振るだけであった。そのたびに、ぼくは何か罪を犯した気分になり、心が痛んだ。

入塾して半月ほどたったころだった。帰りぎわに久美ちゃんから白い封筒を手わたされた。それはお母さんからの手紙だった。

「きのう、きょうと二日つづけて学校へ行きました。でも、久美が学校へ行く決心をしたことがほんとうにいいことかどうか、母親の私にはまだわかりません」と、あった。

その夜、授業が終わると、ぼくは尾添さん宅に電話をかけた。久美ちゃんがどうして急に学校へ行く決心をしたのか、それを知りたいと思ったからだった。

お母さんは、「きっと父親と話しあったせいでしょう」といった。

「だって、ご主人はニューヨークでしょう」

「国際電話です。くわしい内容はわかりませんが……」

とまえおきしてから、父と娘のあいだで話しあわれたらしい内容について話してくれた。それによると——。久美ちゃんは、学校のようす、自分の気持ちなど、かなり長いあいだ父に話していた。しばらく聞いたあとで、父親はいった。

「久美の行きたくない気持ちはよくわかる。お父さんも、久美がそのまま学校へ行かなくてもちっとも叱りはしない。でも、行かない方法もあるが、行く方法もある、と思う。それには二つのことが久美には必要だ。一つは、担任の先生に負けてはいけないということ。いやなものから離れたり、注文をつけたりすることは、もうすでに負けていることだ。でも、その人間をのり超えると、逆にその人をあわれむ気持ちになれるものだ。きらいなものから学ぶこともあるのだから。それから、もう一つ、久美はアメリカの学校を知っている。その久美の目でなければ見えないものがある。日本の学校のおかしさだ。それをしっかりいまのうちに久美自身の目で冷静に観察しておくことだ。もし日本の学校へ通うなら、この二つの気持ちが久美にはたいせつだ、と思う」

受話器をとおして送られてくるお母さんの話から、アメリカにいる父親の人格のすばらしさが伝わってくるようだった。

「ちょっと待ってください。先生に、久美から報告があるんですって……」

しばらく音が消えた。

「もしもし、久美ちゃんかい？　……」

ちょっと間があって、小さな、ゆっくりした声がとどいた。

「こんばんは、久美です……センセイ……パパが来月、帰ってくるの……」

——そうかあ——。

「ほんとう。よかったねェ……ユーア、ハピー？」

「……イエス……ハピー……」

それっきり、久美ちゃんの声はきれた。お母さんがかわった。

「ごめんなさい。おかしいですね、久美、急に泣きだして……」

ぼくは、なんだか胸の奥が熱くなった。長い電話が終わると、ハッとぼくはあることに気がついた。——そうだ、そういえば久美の生きいきした声、はじめて聞いたんだ。

後日談になるが、久美ちゃんは、その後、日本の学校にはどうしてもなじめず、とうとう去年の暮れ、アメリカに帰っていった。

アメリカでの久美ちゃんのようすを知る人からの話だと、久美ちゃんのアメリカでの学校生活は元気いっぱいで、魚が水を得たようだ、と。その人の伝えてくれたことによると、もう二度と日本の学校には行きたくないと久美ちゃんはいっているそうである。

## 心の居場所を求めて

ぼくたちからみると、個性的で、すばらしい感受性をもっていると思える子が、学校では先生に叱られたり、仲間から〝いじめ〟にあっていたり、ということがあります。学校では、教わっても、なにがどうなのかさっぱりわからないまま、最低の評価しか与えられなかった子が、塾にくると目を輝かせて「もっとやろ」なんて意欲をわかすようになったりもします。

いま学校は、その子の心や思いにつきあって、どの子もみんな元気に生きいきとさせてくれる場ではなくなっています。「こうでなければならない」「それではダメだ」「こうしなさい」と、どんどん子どもを圧迫し、追いこんでいるのです。

街の塾にかよう子が増えました。

世間では、いろんな意見が飛びかっているようです。「親が追いたてている」「受験戦争のせい」「子どもがかわいそう」……。それらをすべて否定するつもりはありません。でも、学校から帰り、それから〝もう一つの学びの場〟へ足を向ける子が、これほどまでに大きな割合を占めるようになったのには、それなりの理由があるはずです。

ぼくは思います。いまは、多くの子どもたちが、ゆったりと自分の存在を認めてくれる、そんな〝心の居場所〟に飢えている時代ではないか——と。

# II

# スリリングでエキサイティング

## 私塾の魅力

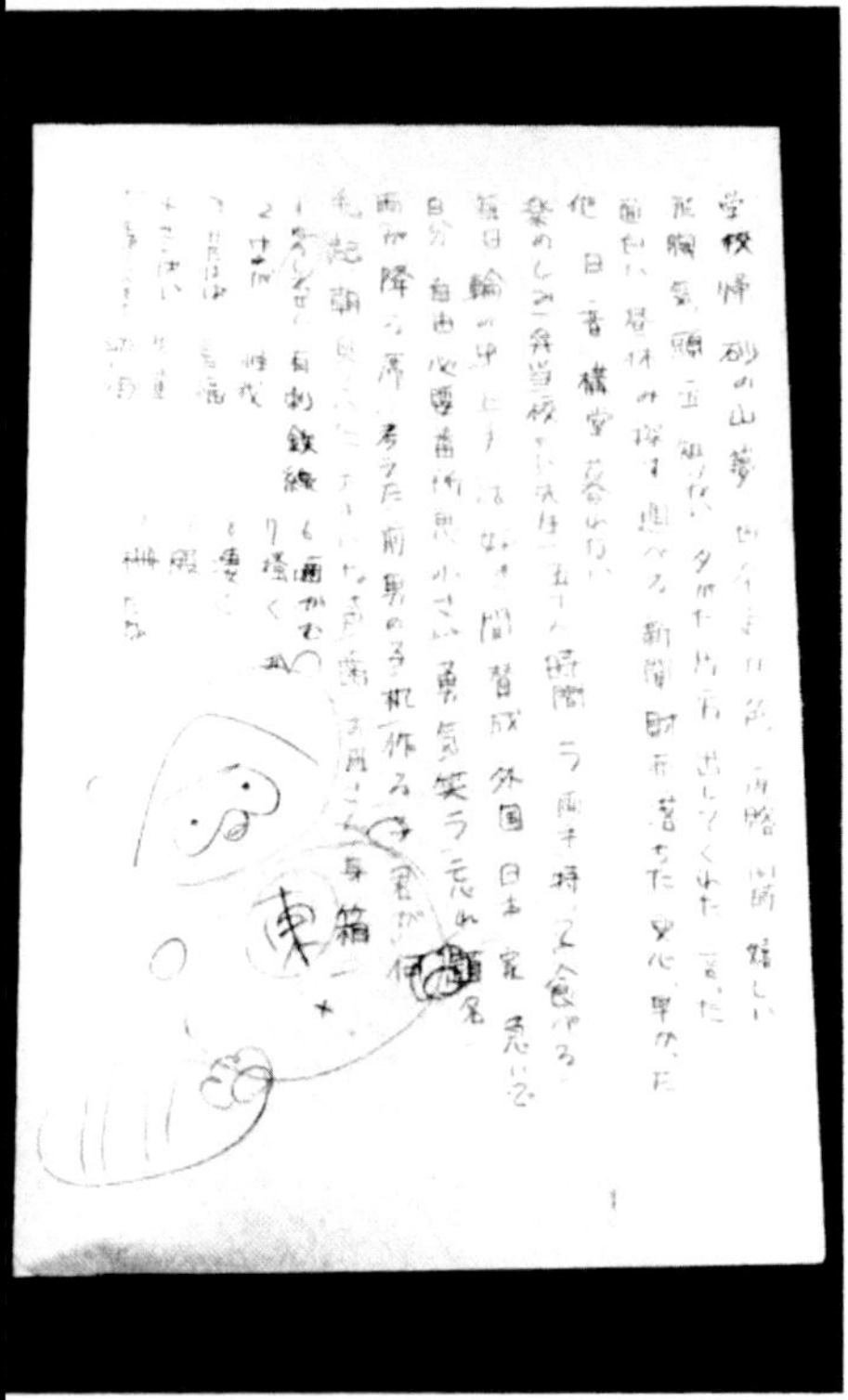

スリリングで自由な私塾

きょうまで私塾をつづけてきたことをふり返ってみます。

いろんなことがありました。でも、不思議なことに、塾をやりつづけたことを、一度も後悔したことがないのです。学校の教師になっていればよかった……とか、企業や役所に勤めておれば……とかと考えたことがないのです。なぜなのか——考えてみました。当然なことでしょうが、そこに魅力があって、その楽しさ、うれしさがずっとつづいてきて消えることがなかったからだと思います。多少のつらいこと、いやなことがあったにせよ、それらを超える魅力が私塾のなかにあったからでしょう。

私塾の魅力——そのいくつか、ぼくなりに分析してみようと思います。まず、自然な人間関係とでもいうのでしょうか、べつの言い方をすれば、塾生との関係が「お互い好きあって」という関係で成り立っている点です。

塾は〝制度〟ではありません。教師の資格試験に合格し、どこかの学校に赴任したら、目のまえに何人か何十人かの子どもがすわっていた、というわけにはいきません。塾は、たとえ三人でも五人でも、そこに来てくれるというのは、その子どもと、その親の主体的な選択・意志で決定されているという点で、公教育の「学校」とは異なります。それだけに、その子どもや親との関係はなんの規則にも、だれの意志にも左右されることなく成り立った「自然な関係」といえるのだと思います。

しかし、こうした関係は一面とてもスリリングでこわい関係でもあります。なぜなら、こちらがいくら両手を広げて「どうぞ」といっても、一人もこちらを向いてくれないかもしれませんし、一度できた関係でも、いつたち切られてしまうかわからないからです。きょうは来てくれても、あす、来てくれる保証はまったくありません。

それだけに、いま現実に塾に来てくれている子には「ぼくの生徒だ」という実感がズッシリわいてきます。そして、子どもとぼく、その親とぼくという関係が日一日と継続することによって、その絆《きずな》が喜びとなり感謝にかわるのです。「きょうも縁をきられなかった」「ありがたいことだ」というように。

学校の先生と生徒という関係とはちがった親密感が塾にはあります。当然のこととして、塾では生徒が通ってきてくれなければ生活が成り立ちません。つまり、きらわれたら飯が食えないしくみになっているのです。事実、何百人かの生徒でにぎわっていた私塾が、塾長の死とともにつぶれてしまった話などはいくらも聞きます。まさに、〝板子一枚下は地獄〟の世界です。いわゆる〝安定〟とはほど遠い職業です。でも、ぼくは、このスリリングでエキサイティングなところが私塾のいちばんの魅力だと感じています。

二番目に気にいっているところは〝自由である〟という点です。〝自由〟といっても、人それぞれによって自由の定義は異なるのでしょうが、塾の自由さのひとつは、〝好きなようにやれる〟ということでしょう。塾には定型も規約もありません。したがって、どんな形態で、どんな考え方で、どんな方法でやろうと自由です。すべて自分で決めて、自分でやれるのですから。だれの指図を受ける必要もなければ、だれからの干渉も受けません。そっくり〝自分のもの〟〝自前〟です。

このことを、会社や学校と比較してみるとよくわかります。自分の思いついたことがすぐやれる、という世界は、そうはないと思います。

企業社会に身をおく人はどうでしょう。仕事にノルマがあります。拘束される時間も決められています。やりたい仕事がやりたいようにやれるとはかぎりません。上司もいれば同僚もいて、つねに人間関係に気をつかっていなければならないでしょう。

比較的に自由な職業と思われている学校の教師だって大同小異です。教科書からはみ出して教えたり、勉強の時間を自分のかってに伸ばしたり縮めたりすれば、たちまちあちこちからクレームがつくでしょう。それどころか、自分だけ学級通信を発行しようとして、校長や同僚からストップを食らったという先生もいるくらいです。学年主任や学校長の方針、文部省の決めたワクからはずれることはたいがいの場合、許されません。

こう比較してみると、いかに塾というところが自由にやれる場かがよくわかります。さらにもう一つ、私塾者が自由でいられる理由として、権力や肩書きがない、ということにもふれておかなければなりません。権力といえばおおげさに聞こえますが、たとえば、組織のなかでの上司であるとか、金銭上のイニシィアティブを握っている会社のオーナーであるとか、あるいは学校では文部省や校長など――そういうヒモが塾にはないのです。

権力とは、いわば〝立場〟の問題です。自分と他が立場上、同等でない関係では自由にはやれません。どんなに理不尽なことをされても文句を言ったり、けんかをしたりすることは、上の立場の人間に対してはできません。もし、やってしまったら、その関係は切れてしまうでしょうし、組織からハズレてしまうことも覚悟しなければなりませんから。

また、塾は、子どもや親に対しても、社会的にも高い立場にあるとは、どう考えてもいえないでしょう。逆に、子どもや親のほうが関係をつづけるか切るかのイニシアティブをいつでも持っているわけですから、むしろ、塾のほうが低い立場であると言えます。権力や肩書きがなく、立場が低い、そういう立脚点に立てば、ひとのほんとうの姿や本音がとてもみえやすいということもあります。こちらにしても、格好をつけたり、たてまえに縛られてドギマギすることも不要ですから、自由にふるまえますし、しぜんに本音も聞こえてくるのです。

ドキュメント・地域ミニ塾3

# 霧雨とおふくろさん

高一の幸司が飛びこんできた。

幸司はぼくの塾の卒業生で、ことしの四月、都立高校に進学した。弟の隆志は中二で、いま、ぼくの塾の塾生である。

「隆志がオフクロとやりあって家出しちゃった……」

幸司は弟思いのいい男だ。彼らには親父がいない。母子家庭である。おふくろさんは練馬の繁華街で、スナック〝あづさ〟をやっている。〝あづさ〟はカウンター、ガラス戸棚、ボトルからトイレまで、いつ訪ねていっても清潔で気持ちがいい。それをお客がいうと、おふくろさんは、

「幸司と隆志が交代で掃除に来てくれるんです」

と、誇らしげにいう。そんなおふくろさんにも心配はある。悩みはもっぱら隆志のことだ。

去年のはじめごろまではそうでもなかった。それが、中一の終わりごろから、隆志はだんだん横道にそれた。おなじ母子家庭の同級生である大介や、級友の何人かと連れだって外出することが多くなる。ゲームセンター、セブン・イレブンなど……ときには夜十一時、十二時まで、どこかで時間を費しているらしい。

「先生から注意してくださいよ」

と、おふくろさんから何度か頼まれた。しかし、ぼくは、隆志には、

「あんまりおふくろさんに心配かけるなよ」

と、一、二度いっただけで、きびしくは叱らなかった。

幸司が高校へ行ってからはなおさらのようだった。夕方五時ごろから深夜まで、〝あづさ〟で働いているおふくろさんのつごうもよくわかる。でも、家に帰っても、兄の幸司は高校から帰っておらず、だれもいない部屋にひとりだけの隆志の気持ちになってみれば、友だちを誘ってゲームセンターにでも出向きたくなるのもむりないことだと思うからだ。

隆志が家出した、という報告はそんなやさきだったので、幸司はかなりとり乱していた。

「いままでも、アイツ、おふくろに態度が悪かったんですよ。ぼくはくわしいことはわかんないんだけど……おふくろが怒って『出ていけ』って……それで、出ていっちゃったらしいんで……」

「どうして、そんなことになったんだ」

と、ぼくがたずねると、幸司は額にしわを寄せて、小声になった。

「……万引き……やっちゃったみたい……です」

だれか友だちと中野の街へ遊びに行っての話らしい。セブン・イレブンで仲間と本を失敬し、店の人に捕まって、家に連絡があった。かけつけた母親は当然のこととして隆志を叱った。しかし隆志は、泣いたり、しょげたりするどころか、仏頂面をしたままあやまりもしなかったとか。

「おこるのもわかるんだけど、おふくろも、なにも追んださなくたって……」

幸司は母親から話を聞いて、すぐに心あたりを探しに出かけたという。

「大介のところにもいないし……どこ行っちゃったかわからないんです」

一度家に帰ったら、母親は「なにも探すことはない」と幸司を叱ったというのだ。

その夜、兄の幸司は二度ぼくのところへ立ち寄った。どこをさがしても見つからない、という報告ばかりであった。

「だいじょうぶだよ。どこか友だちのところにでも転がりこんでいるんだよ」

今夜はとにかく帰って家で待ってやれ、ということで、その夜は帰した。

　あくる日の午後、ぼくは隆志のマンションを訪ねた。

　おふくろさん一人だった。

「いいえね、万引きをしたことは……」

　二度としない約束をしたので、それはそれで終わった、という。

「でも、どうして人のものを盗むことが悪いことか教えたんですね。そうしたら『ウルセエ』って小さい声で言ったんですよ」

　このことばは〝許せない〟とおふくろさんは思った。他所《よそ》の家のことはわからない。世間では子どもが親に向かって日常的に吐くことばらしいことも知っている。

「でも、わたしはイヤなの、先生」

　おふくろさんは、キッとそう言って、真正面からぼくを見つめた。

　──わが家には父親がいない。しかし、自分は、そのことによって子どもに悪いことをしたという後悔もなければ、後ろめたい生き方をしてきた覚えもない。

「それをですね、たった一人の母親に向かって、『ウルセエ』なんて……」

　もし、このまま黙ってやりすごしたら、これから先どうなるか。おそらく、母子の関係も、家族の絆もバラバラになるだろう。

　おふくろさんは、ツッと台所に立って、お茶をいれはじめた。

「このままね、先生……隆志が帰ってこないかもしれないって、昨夜《ゆうべ》、わたし考えたの」

小さなお盆にぼくのぶんだけのお茶を運びながら、ゆっくり話す。

「それでもしかたがない……あの子が自分で考えて……それでどうするか決めることですもの……ね」

迎えに行ったり、さがし歩くことはしない、という。けさ、早いうちは霧雨が降っていたらしい。どこに寝たのか泊ったのか知らないけれど、かぜをひいて病気になったとしても、それも隆志の運命だから……と。ぼくは、そう宙を見つめながら話すおふくろさんの横顔に目をやりながら、〝スゴイ〟と思った。

――この母親なら心配いらない――。いまどき、これだけドンと構えていられる母親がどれだけいるだろう……。そう考えると、隆志や幸司が、なんだかとてもしあわせに思えてしかたがなかった。

## まる一昼夜

隆志はまる一昼夜、家を空け、あくる日の夕方、フラリとぼくの塾に立ち寄った。玄関に立った隆志の後ろには兄の幸司が立っていた。練馬の街でうろついているところを幸司が発見したらしい。隆志だけをぼくの書斎に入れて事情をきいた。カッとして飛びだしたものの、行く場所はなく、夜遅くまでひとりでブラブラした。帰るに帰れず、友だちの大介のマンションに行ったが、いつものようにサヨナラした。結局、その夜はマンションの屋上で野宿をした、という。青白い顔で、野良犬のような風体で突っ立っている隆志は、睡眠も食事もろくにとっていないように思えた。

「腹がへったか……。けさ、雨が降ったろう……」

というと、小さくコクンとうなずく。

「バカヤロー……ザマミロ！」

ぼくは隆志の頭を平手でパチンとたたいてやった。

「霧雨と親のバチはな、あとからじっくり効いてくるんだ」

そのまま家に帰ることは許されない。自分で悪いことをしたと思ったら、〝あづさ〟に行っておふくろさんにあやまってこい。家に帰るのはそれからだ、と教えた。書斎から追い出すと、兄の幸司が外のソファにすわって待っていた。

幸司は、ぼくの顔を見て、小さくチョコンと頭をさげた。顔は半分泣き、半分笑っていた。

### 創造し、実行し、反省し

あるとき、亡くなられた国分一太郎さんの文章を読んでいました。それは、しろうとであるお母さんがたに、文章を書くことを勧めたものでした（「文章入門」の一節です）。それは、文章を書くことによって、金銭にかえがたい精神的メリットがある、という内容でした。

ぼくは、これを読みながら、頭のなかで、〝文章〟を〝私塾〟におきかえて考えていました。たとえば、国分さんは、「文章を書くことによって、自分の存在や生き方の問いなおしができる」という意味のことを言われています。

塾というのは、学校の先生と違って社会的地位がありません。それだけに、自分が生きていることの意味の問いなおし、自分の位置の確かめなおしというのが、つねに必要となります。自分は、世の中にあってもなくてもいい人間なのか、地域社会のなかで、どんな位置で、どんな仕事の意味をもっているのか――。それらを自問しながら生きなくてはなりません。これは〝生きる糧《かて》〟になるメリットになります。

また、国分さんは、こんなことも述べておられます。

「文章を書こうと考えている人は、過去、現在を見つめ直すことは勿論、先を予測したり、想像をめぐらしたりできるようになる」と。

この点でも、文章を書くことと、私塾を営むこととはかさなる部分があります。塾の場合、枠というものがありません。つぎにどうするかということは、つねに自分で予測し、考えていくわけです。しかも、その結果はすぐに出ますので、軌道修正もまたかんたんです。つまり、予測し、実行し、考えなおし、反省するという作業を、毎日くり返しているのです。思いついたらすぐできる。でも、その結果や責任は、すぐに自分にはね返ってきます。

例をあげてみます。教室が満杯になって、もう生徒はいれない。そこで、入塾を待ってください、〝予約制度〟というのを設けたことがありました。でも、「机がなければ画板を持ってきます。いすがなければ床にすわらせてください」という父母の声まででてきて、困ったことがありました。ぼくとしては、二十名が教えられる人数の限度と考えていますし、アシスタントに手伝ってもらっても、ちょっとそれ以上はむりです。これ以上、子どもたちをいれたら、以前からいる子たちまでも犠牲にすることになる。そこで、つぎのような折衷案を出したのです。

入れてはあげますが、月謝はもらいません。そのかわり、質問はいっさい受けないし、うしろへまわって、エンピツを持って教えることもしません。ただ、プリントは無料であげるし、教材も見せましょうと——。

それでもいい、ということになり、これを〝聴講生システム〟と名づけてスタートしました。

ところが、現実は、考えたようにうまくはいきませんでした。頭で考えていたことと、現実とがあわなかったのです。聴講生たちのそばまでいって、まちがっているのを目にしたとき、つい「おまえ、違ってるよ」と声をかけてしまうのです。「ハイッ」と手をあげると、うっかり指してしまうのです。おなじ教室にいる子を、差別して、ほうっておくことなど、とても現実にはできなかったのです。

そこで、正規の生徒たちに、「おまえたち、どうする。あの連中、手をあげてるけど、さしてもいいかい？」とききました。すると、「いいよ」という。「いいじゃないの、仲間に入れてやんなよ」と。それでは……と、差別なしでやることにしました。

ところが、こんどは親から文句が出ました。「おなじ扱いを受けてるのに、月謝を取らないのは差別だ」というわけです。これにはほとほと困りはてました。結局、グッド・アイデアと、自分で思いついたこの聴講制度なるものは、わずか二か月ほどで崩れて、ボツになってしまいました。いままでにも、いいと思ってやってみたことで、こんなふうに失敗に終わったことがずいぶんあります。しかし、創造し、実行し、反省し、ということのくり返しのなかで、独自で、しかも、自分の塾に適合するものだけは、その蓄積のなかでしっかりと残ってきたように思います。

ドキュメント・地域ミニ塾 4

# 解けてよかった〝応用問題〟

専任講師の清水君が二階へ駆けあがってきた。

「先生。またヤラレタ！」

五年生の授業がはじまったばかり。T君の月謝袋から一万円札が消えた、と。先月もM君の月謝袋から五千円が消えた。

「四回目ですよ、先生。こんどはなんとかしないと……」

清水君は深刻な表情になる。おなじ五年生のクラスで去年の九月からおよそ毎月一回、だれかの月謝袋からお金が消える。

わが塾では、月謝は銀行振り込み制にせず、子どもが毎月、袋に入れて持ってくるシステムにしている。その理由はいろいろあるが、いちばんの理由は、子どももぼくも「払っている」「もらっている」という〝実感〟を失いたくない、ということだ。子どものほうは、〈親が苦しい家計から、自分に勉強してほしいと願って月謝を出してくれている〉と考えるだろうし、ぼくのほうでも、子どもから「ハイ」と手渡しで受けとるとき、〈この子は、また今月も来てくれる〉という感謝と緊張の気持ちが新たになる。〝現金納入〟は、いわば両者のあいだの絆だと思っているから、振り込みにはしない。

今日まで、およそ二十七年間、このたびのような事件は一度も起こったことがなかった。

はじめの二回は、親かこちら側の勘ちがいではないかと考えた。しかし、前回の三度目には親もこちらも勘ちがいではないことがはっきりしていた。——だれが犯人か——スタッフ一同はじめはそれを詮索《せんさく》しようとした。しかし、その手だてはどう考えても塾ではとれない。まさかオトリ捜査や身体検査をするわけにはいかない。子どもたちに「このなかに犯人がいる」などと言うこともできない。ようすを見よう、ということで伏せていた。

ところが、またきょうの事件。おまけにT君が授業がはじまる直前、「アレッ?一万円盗られた!」と大声で清水君に訴えてしまった。もう、隠しておくわけにはいかない。しかし、犯人はだれか、を詮索せずに、なんとかほかの子どもたちも傷つけずに解決する方法はないものか——。むずかしい。

ぼくと清水君はある方法を考えつき、階下へおりた。ぼくがまず話をする。

他人のものを盗むことは罪であること。人間として恥ずかしいこと。お父さんやお母さんだって、そのことによって練馬に住めなくなってしまうくらい苦しむかもしれない、と。

こんどは、清水君。「だれが盗ったかなどと調べるつもりはないから。もし、いけないことをした、と気がついたら、帰りに返してネ」

授業終了後、一人ずつわが家の玄関から送りだした。玄関にはビールの空箱を用意し、なかがのぞけないように布で投入口をふさぎ、カッターで切れ目をいれた。全員の子どもたちが帰っていったあと、ビール箱は二階に運ばれ、開封された。一万円札は四つ折りにされてそのなかにあった。

つぎの金曜日、一人も欠けずに五年生はやってきた。授業のはじまるまえ、みんなのまえで、前回の結末を報告した。

「よく返してくれたネ。アリガトウ。みんなもあまりいい気分じゃなかったろう。でもネ、返してくれたんだから許してあげようね。だれが犯人かなんて考えるのはもうやめよう。ネ。返してくれた人もいい子だと思うよ。こんどは絶対そんなことをするんじゃないよ」

子どもたちは、みんな、また以前のようないい顔になった。むずかしい〝応用問題〟だったが、解けて、ほんとによかった。

### 〈ゼニ儲け〉より〈生き儲け〉

だれであったか忘れてしまいました。〝ゼニ儲《もう》けより〈生き儲け〉〟といった人がいます。

おなじ私塾でも営利事業とわりきって、文字どおり金が儲かればどんなことでも、という塾もあるでしょう。

しかし、地域にへばりついて、派手な宣伝もせず、地域の子や親のためにこつこつかかわり続けている私塾もあります。金に焦点をしぼるのでもなく、地位や権力を追いもとめるのでもない私塾では、なにを生きがいに日々を生きているのでしょうか。

ぼく自身ふり返ってみますと、やっぱり、だれかが喜んでくれたり、元気になってくれたりすることにすこしでも自分が役だてるかもしれない、と思いつつ生きているように思います。それも、いちばんうれしいのは、かかわった子どもたちが、元気をとりもどしたり、生きいきしたり、学び好きになったりすることです。もともと元気で、生きいきしている子もいて、それはそれでいいのですが、そうでなかった子が、日ましに生気をとりもどしていく過程をみるのはなんといっても最高です。〈ああ、私塾をやっていてよかったなァ〉と実感します。

入塾したてのころは、〝勉強〟と聞いただけで深いため息をつき、死んだ魚の目のようだった子が、ある日、突然、パッと元気になることもあります。「勉強って、わかると、こんなに楽しくおもしろいものだと思わなかった」などと言ってくれる子もいます。半年近くも、なにを話しかけても、笑顔ひとつ見せず、ひとこともしゃべらなかった子が、薄紙をはがすようにすこしずつ活気を示しはじめ、ついには、大声で友だちと笑いあい、ぼくと話ができるようになり、親も驚いてしまうこともあります。私塾の醍醐味《だいごみ》とは、こういうときのことを言うのでしょう。

親とのかかわりも勉強になって、それも楽しさのひとつになりました。わが子のことで悩んでいるとき、たかが塾の教師であるぼくのところへ相談をもってきてくれる、ということだけでもありがたいことです。あてにされることは責任も生じますが、うれしいことでもあります。中学二年くらいになりますと、ちょっと親の手に負えなくなる子もいます。教師に対してつっぱったり、万引きやったり、バイク泥棒やって警察につかまったり……。学校にも相談できず、親だけではどう対応したらいいか迷ってしまうのでしょう。友だちにいじめられて、学校を休みがちになった子が家で荒れはじめた、といっては親が飛びこんできたりします。こんなとき、一生懸命、ない知恵をしぼって、親といっしょになって考えます。それも両親そろっている場合もありますが、離婚、死別、単身赴任などで、母親だけの場合にはいっそう真剣になってしまいます。特別、なにかをしてあげられるわけではないのに、話を聞いてあげるだけでも元気になったり、たちなおったりすることもあります。プロローグでもちょっとふれましたが、例の「元気がでる――土曜会」などは、複数の人たちの力や支えて、悩んでいる人がたちなおる場のようになりつつあります。

今日まで、土曜会に集まった人たちもさまざまです。わが子の登校拒否で悩んでいるお母さん、学力が学校についていけず、自分の子育てに自信をなくした夫婦、〝積み木くずし〟に出てくるような非行少女をもつ母親、母子、父子で子育てに悩む親、いろいろです。こういう人たちが、ゴチャゴチャ交わっているうちに、なんだか子どもも親も元気になったりする。これも楽しみです。

また、そこで出てくる問題も子どもに関すること以外にも、夫のアルコール中毒、離職、社宅でのつきあい、単身赴任の問題などに広がり、いまでは、まるでぼくたち大人が、いまの社会のなかでどう生きるかについて、勉強しあっているという感じの集まりになっています。ついでに言いますと、土曜会には困っている人たち以外の人も集まってきます。最近では、「勉強したいので」と、地域の学童保育の若い先生たちや、幼稚園の園長さん、近隣のＰＴＡの世話役をしている人たち、地域で文庫を開いているお母さん、区や市の社会教育に関係している人たち、児童館の職員、はては弁護士さんの卵と自称する青年など、いろんな人たちが集まってきて、〝ゴッタ煮〟のようです。

もちろん、こうして集まる人たちも勉強にはなるのでしょうが、ぼく自身、じつに楽しく、勉強になり、しあわせな気分です。とくに、集まる人たちがいつのまにか〝仲間〟になり、だれかの悩みが解決したときに、みんなで喜びあう姿を見るときに、生きがいを感じます。

これなども、まさに、私塾をやっていたおかげで得られた〈生き儲け〉といえるでしょう。

ドキュメント・地域ミニ塾 5

# 雨中の釣り大会

四月十七日、日曜日。十五人のメンバーでつりに行った。そのうちの八人は父親のいない子、三人は近所の塾生、残りの四人が世話人という構成だった。

練馬区では春と秋の二回、毎年、「区民ふな釣り大会」なる行事が催される。バス三台を連ね、およそ百五十人が参加するのだが、区の行事とあって費用がすこぶる安い。子どもは千円、大人でも二千二百円を区の教育委員会の社会体育課というところに払いこめば、住民ならだれでも参加できる。

かねてから「どこかへ連れていってやりたい」と思っていた八人の母子家庭の子

たち。ことしはこれに便乗することに決めていた。彼らの家庭を訪ね歩き、約二週間まえには本人と母親に約束をとった。費用はたいしたこともないので、全部ぼくがもつことにした。

## 母子家庭の子どもたちと

近所の三人の少年たちは、この行事を知って「ぼくたちも行きたい」といって、区役所へめいめい申しこんだ連中だった。世話をするのは、ことし中学を卒業し、定時制工業高校へ進んだばかりの青柳君、それにぼくの息子の利、講師の清水君、ぼくの四人である。

目的の釣り場は茨城県の霞ヶ浦に近い菱木川というところ。あいにく前日からの雨があがる気配もなく、暗い空からシトシトと降りつづけていた。早朝、バスの出発場所である練馬区役所のまえにはおおぜいの大人たちにまじって、わが塾の生徒の顔が見える。近所の丸山君兄弟の両親が見送りに来ていて、「よろしくお願いします」と声をかける。

「母さん、おいしい弁当つくってやってくださいね」

というと、どの子もうれしそうにはしゃいだ。

この日のことをだれかに聞いて、卒業生の臼井君も顔を出している。臼井君も母子家庭で、三年まえ、ぼくの塾を卒業し、いまは定時制高校の二年生。中一のときに父親と死別した臼井君は、おなじ運命を背負う彼らのことが気になっているのであろう。「気をつけて行ってくるんだぞ」などと一人ひとりに声をかけていた。

三時間ほどバスに揺られて菱木川に着いたころには、雨は本降りになっていた。「〃朝間の雨に傘もつな〃っていうから、着いたら晴れるさ」といっていたぼくは、子どもたちに総攻撃をくった。いや、ぼくは、事実、そう楽観していた。釣りなんかできてもできなくても、ほんとうはどっちでもよかった。親が離婚して、母親の手で育てられているこうした少年たちと桜の散った土手にすわり、母の手になる弁当をいっしょに食べるだけでもいいと思っていた。ところが、天気の神様はそんなに甘くはなかったようだ。ぽかぽかと暖かい春の空のしたでゆるやかに流れる水を眺めたり、緑の土手をかけまわったりさせてやりたい。――そんな夢など一気に吹き飛んでしまうような天候となった。

陽春どころではない冷たい雨風が容赦なくバスの窓にたたきつける。それでも、子どもたちは元気なもので、弁当のはいったリュックのうえから用意の雨がっぱを羽織って、「釣ろう、釣ろう」とはりきっている。大人の釣り人たちは、もうとっくに雨じたくをして、どんどん釣り場へ向かって歩いていく。

青柳君と息子、清水君、ぼくは手分けをして一人ひとり完全防雨の身じたくをしてやり、とにかくバスから土手におろした。冷たい雨が風に追いたてられて川面に落ちる。そんななかで四人の世話人は仕掛けをつくり、餌を練る。ぬかるんだ土手にすわることもできない子どもたちは、ぼくたちをとり囲むように立っている。どの顔も寒そう。丸山君兄弟などはももから下むきだしの短パンだ。中二の富宇賀君が、そんな丸山君の後ろにピッタリくっついて、雨がかからないように肩を抱いている。弟の六年になる富宇賀隆志くんは、三年生の丸山耕くんにカサをさしかけている。

中二・中三とおよそ一年半にわたり、つい半年ほどまえまでワルをひととおりやりつづけて世話をやかせてくれた青柳君だけは元気がいい。三年生後半になって、すっかり人間が変わった"もとツッパリ"だ。手のなかをまっ赤にして必死で餌を練っているいまの青柳君の姿からは、半年まえの彼は想像できない。ズボンもスニーカーもドロドロのビショビショ。それでも、「一匹でもいいから釣らせてやりたいですね」とぼくにニッコリ笑いかける。すっかり子どもたちの"お兄さん"という感じだ。人間って変わるものだ。

青柳君、清水君、利たちの子どもへの思いもむなしく、状況はますます悪くなる。川の水は泥濁り、おまけに流れが速くてアッというまにウキが流れる。これではとても釣りにならない。とっくに竿を出しているまわりの大人たちも釣れているようすがない。

かぜをひかせてはと、ぼくは一時間ほどで一同をバスに引きあげさせた。わが塾の貸し切りルームのようになったバスのなかで、子どもたちはキャッキャッとはしゃぎまわる。両親がそろっている丸山君兄弟は、なんのくったくもなく片親の子たちと遊んでいる。

**お父さんのよっぱらい**

そういえば、ぼくがときどき招かれて訪れ、ビールをくみかわす丸山家は家庭がとてもゆったりとして暖かい。二部屋を隔てるはずの襖《ふすま》はいつもとりはずされており、なんとなく「家族みんなの広場」という感じだ。中央の本棚のまえには半切大の写真が飾られている。潤君と耕君兄弟が仲よく顔をくっつけてほほえんでいる写真だ。——こんな部屋で、こんな両親に囲まれていれば、すばらしい人間が育つにちがいないなあと思った。丸山さん夫婦もしょっちゅうぼくの家に来てくれる。田舎のおみやげや、会社の帰りに買ったアイスクリームなんかぶらさげて……。つい先日、耕君が二年生のときに書いた詩を見せてもらった。

お父さんのよっぱらい
ばたんと音がして　お父さんが帰ってきた。
オランウータンのようなかっこうで帰ってきた。
ぼくが　お父さん　よっぱらっているというと
よっぱらってないっていう
ひっくりかえってるお父さんのズボンをひっぱって
おにいちゃんとねまきをきせた。

お父さんはきゅうに立って
タケチャンマンだあって　手をのばして
うしろにひっくりかえった。
あしたは二日よいで大へんだよ。

この詩を見せてもらって、「やっぱり」と思った。

富宇賀君兄弟もなかなかりっぱだ。母親は数年まえ、ご主人と別れ、練馬の繁華街にスナックを開いた。ぼくもときどき、お母さんの顔を見に立ち寄る。

「先生、おととい、うちに来ていただいたんですって？　隆志が、ジュクの先生、来たんだよって、きのうの朝、とても喜んでましたよ」

お母さんが隆志君から聞いた話だと、夜の十時ごろ、酔ったぼくが富宇賀くんの家へ行き、寝ている隆志君に抱きついたのだそうだ。ぼくにはおぼろげな記憶しかない。ただ、母親が仕事で留守のマンションの一室で、幼い兄弟が二人で床についているのだと思うと、やりきれないせつなさを感じていたから、そんな行動に出たのだろう。

富宇賀さんはいう。「だいじょうぶですよ。二人ともなれていますから」と。塾にはいりたてのころはちょっと暗かった弟のほうの隆志君も、ぼくが何回かマンションを訪ねたりしたこともあってか、このごろは人なつっこく明るくなった。ぼくの塾になじんでくると、本来の親分肌をあらわして、「こいつ、ジュクにいれてよ」などと、やはり母子家庭の木村君という友だちを連れてきたりした。

兄の幸司君はしっかりしていて頭もいい。中一のときの学校の成績もほとんど4と5ばかり。それでいて少しもいばらない。父親こそいないけれど、これなら少しも心配いらない。お母さんがこんなにりっぱに育てておられるのだから——と感心したことだった。

富宇賀君、丸山君の兄弟、それにやさしくなった青柳君たちのおかげで、バスのなかの遊びや、雨のやみまのツクシ取りなどの遊びをとおして、そのほかの、まだチョッピリしか心を開いてくれていない子どもたちもすっかり明るくなった。

帰りのバスではみな遊び疲れてグッタリしていた。ぼくの投げだした足をしっかり両手でかかえて眠りこんでいる隆志君の寝顔を眺め、ぼくはこめかみがジーンとした。——雨でもやっぱり来てよかった。

## 忙しさを楽しみながら

私塾——といっても、ぼくのところの話ですが、朝起きてから夜寝るまで、じつにいろいろなできごとが起きます。どこからどこまでが仕事で、どこからどこまでがそうでない部分なのか、判然としないほどです。

じつに忙しい。でも、ぼく自身、〝あすできそうなことはきょうしない〟というのを生活訓のようにしていますから、けっこう、忙しさを楽しんでるふしがあるのです。

あと始末が悪く、仕事ものろいくせに、どんどん手を広げ、わざと自分を多忙にし、結局、周囲や相手に迷惑をかけてしまうこともしばしば。ニッチもサッチもいかなくなってから、ようやく軌道修正ということもあるのです。が、そうしたらまた別の忙しさをみつけてしまう、というぐあいです。「元気がでる――土曜会」もそのひとつです。

はじめは、地域の父母などの相談にバラバラに応じていたのです。でも、これだと自分の時間がどんどん浸食されていくばかりでなく、もったいないという気もあって、毎月第二土曜日に、と月一回にしぼったのです。ところが、それが誤算でした。個別の相談は相変わらずで、おまけによけい忙しくなりました。というのは、土曜会のなかの何人かのお母さんが「母親勉強会をやりましょうよ」と提案したのがきっかけで、「練馬母親勉強会」なるものが誕生。以前からあった地域の読書会グループや子ども劇場などにはいっているお母さんがたによびかけて、毎月、定期的に会をもつことになったのです。

場所は区民館や区の図書館をお母さんがたが予約し、無料で借り、世話はみんなでもちまわりです。「私たちは子どもに勉強しなさいって言ってるのに、学校で子どもがどんなことを教わっているのか、なにも知らないのはおかしいわね」ということになりました。そこで教科書がどうなっているのか勉強したい、というので、ぼくが引っぱりだされたのです。最初は算数と数学。それも一回ではとても、ということになり、ズルズルと一年間もつづき、「こんどは国語」ということに。「子どもたちは教科書でどんな詩を習っているのか調べてみましょうよ」というお母さんがいて、詩の勉強。小学一年から六年までの教科書にのっている詩を全部ガリ版で刷ってくることになります。「どうしてこんな詩が三年でのってるのォ」「これはいいわね。でも、いまの子どもにわかるかしら」「この詩人の詩だったら、こっちの詩のほうがよっぽどいいのに」などと発展していきます。ぼくとしては、詩は苦手だから、と欠席するつもりだったのに、「だめですよ。苦手なら、なおさらいっしょに勉強しなさい」とハッパをかけられ、またズルズル。今年にはいったら「理科はどうなってるのかしら」ということになり、中学理科の勉強。そして、とうとう練馬母親勉強会も三年目に。

さらに、母親勉強会に参加していたお母さんたちの要望で、石神井、関町、貫井などの地域のお母さんがたがそれぞれ中心になり、また別の勉強会が誕生。そこでも「ちょっと来て」と声がかかってくるようになりました。ぼくとしては、よばれれば地域のことと喜んで飛んでいきます。

また、土曜会にのぞきにきていた地域の児童館の青年、子どもの文庫を開いているお母さん、幼稚園の園長さんなどが、「ちょっとわたしのところにも来て」ということになります。土曜会などで一杯やりながら話していると、こうした人たちの考え方や生きようとする方向が、みんなどこかでおなじようにつながっているように感じ、意気投合してしまいます。したがって、ぼくとしては、それぞれのパートで、それぞれがやっていけばいいと考えていました。

ところが、ある幼稚園の園長さんが、こんなことを言いだしました。

——それはそのとおりだが、それだけではマズイと思う。自分などは園児にのびのび遊ばせて、自然や人間とうんと接しさせて、と考えてやっている。ところが、いくら園長である自分が母親にそれを説明してもわかってくれない。なぜなら、「三歳では遅すぎる」などと、幼児英才教育の宣伝文句に誘われたり、動揺したりする母親が多い。「だいじょうぶ」といっても、「このまま小学校へ入れたら……幼稚園では通用しても……」と心配する母親もいる。漢字や計算を早くから教える幼稚園のほうが、より人気がある時代だ——。

「だから、おなじことでも、わたしが言うのと、八杉さんの立場から言ってもらうのでは説得力がちがうんですよ」と。

つまり、ぼくは私塾で小・中学生をみているし、その後の子育ての結果もあるていど知っている。さきいき子どもがつぶされてしまうような子育てをやっている母親には、そのへんのなりいきにくわしい人の口から話してもらうのがいちばん、というわけです。なるほど、立場によって役にたつこともあるのです。ぼくとしては、過去における子どもたちや親たちから学んだ事実や、現在の小・中学校のようすなどを伝えるくらいのことしかできませんが、その役目もだいじなのかな、と考えるようになりました。

若いお母さんがたに会って話してみると、私塾でかかわっている父母と、またひとつ感じがちがいます。うまく表現できませんが、なにか、エイジ(年代)がきれ、タテの情報も伝わっていない、という感じです。おなじような年代の人たちだけが集まって、お互い手さぐりで、しかも、バラバラに子育てをしているように見受けられるのです。

――これではもったいない――

おなじ地域に住みながら、(おおげさに言えば)文化が寸断されている感じです。ぼくは、幼稚園の園長さんにこう言いました。

「こんどは、三十代前半から五十代くらいまでのお母さんの集まりを地域でつくったらどうでしょうね」と。

もし、これが実現すれば、ぼくはまた忙しくなるはずです。でも、こんな種類の忙しさなら、ぼくはこれからも買ってでようと覚悟を決めています。

ドキュメント・地域ミニ塾6

# 二十年ものおつきあい

下島さんとはもう二十数年来のおつきあいになる。長女の陽子ちゃんが、ぼくの塾を卒業したのは二十三年まえ。当時、練馬の桜台というところで、ぼくは六畳一間を間借りして塾をやっていた。長女の陽子ちゃんはそのころの塾生だったわけだが、しっかりした、とても賢い生徒だった。

## 長女の陽子ちゃんに教えられる

塾をはじめて二、三年。あのころ、塾生の陽子ちゃんには教えられることが多かった。陽子ちゃんとおなじ中学校の女生徒もいっしょで、その子が数学の先生の教え方が乱暴でよくわからない、といったことがあった。「しようがない教師だなァ」とぼくがいうと、

「先生、そういうこと言うもんじゃないのよ。すこし教え方は下手だけどね、あの先生、とっても子煩悩《こぼんのう》で、生徒にもやさしいところもあるのよ。よく知らない人のことを悪く言わない、言わない」なんてお説教された。また、高校受験のとき、鷺の宮高校を受けるというので、

「鷺の宮なんかじゃもったいないよ。もっとうえの学校を受けたら」と、つい言ってしまった。そうしたら、

「でも、わたしには鷺の宮は行きたい学校なんです」。塾で勉強してるのは、学力がいまのままでまにあうとかまにあわないとかで勉強しているわけじゃない。勉強は勉強、受験は受験。

「先生は『鷺の宮なんか』とおっしゃったでしょ。それじゃ、鷺の宮へ行く人をブジョクしたことになりませんか」

いちいち教えられることばかりだった。こんな陽子ちゃんを産み育てた両親って、どんな人なんだろう。一度会ってみたいと思っていたところへ、高校へ合格したので一献さしあげたい、と招待された。塾をはじめてから、そういうことで家庭におよばれしたのははじめてのことだった。その席で下島さんはこうおっしゃった。

「先生、お世話になりました、とは申しません。今夜の席は娘の合格祝いのつもりじゃございません。お礼はお礼といたしまして、今後、末長く、よろしゅうおつきあいを、という意味です」

二十年以上もまえのことだ。でも、ぼくは、いまだにそのときの下島さんのことばと表情をはっきり思いだす。居間の板張りのうえに両手を八の字につき、深ぶかと頭をさげられた下島さんを。不思議なことだと思う。気がついてみたら、あれから下島さん一家とは、ずっとおつきあいさせていただいているのだから。

### 次女の伸子ちゃんが育てたお米

次女の伸子ちゃんもぼくのところへ通ってきてくれた。とっても明るくてハキハキした中学生だった。その伸子ちゃんは一流商社のサラリーマンと結婚したが、知りあったきっかけは〝山登り〟だったそうだ。親に反対されたとき、「伸子ちゃんがしあわせになれば、きっと両親だって許してくれるよ」とぼくがあと押しした。

伸子ちゃんは、結婚してまもなく、ご主人の山男と山梨へ住むことになる。脱サラをして、山奥の過疎村へ移住すると、荒れたたんぼを借りうけて、お百姓さんをはじめる。はなし飼いのにわとりを育て、荒れた田で無農薬農業にとり組み、文字どおり、農家のおばさんとしてどろんこになって働いた。

いま、毎日ぼくの家の食卓にのぼる〝ご飯〟は、こうして伸子ちゃんの手によってつくられたお米である。籾《もみ》まきから収穫まで、伸子ちゃんは「この田の米は八杉先生のぶん」と思いつつ、そして、ぼくたちは食事をするたびに、「このお米は伸子ちゃんが育ててくれたお米」と思いつつ、いまだに伸子ちゃんとぼくたち一家とはつながっている。

下島さんのところのただ一人の男の子は、伸子ちゃんの下の克彦君。克彦君もやはりぼくの塾の塾生であった。小、中、高、大学をつうじて、ずっとおつきあいはつづいた。とくに、克彦君が大学へ入学したあとは、親交が深まった。というのは、克彦君の希望でぼくの塾のアシスタントをすることになったからだ。授業ばかりでなく、遠足やキャンプ、野球大会や忘年会などをつうじて、いわば地域の塾生たちの〝お兄さん〟という感じだった。

## 一人息子の克彦君とは

克彦君は大学で工学部の建築科にはいっていたが、三年生になった夏、ぼくは深刻な相談をもちかけられた。

大学をやめようと思うのだが……という相談だった。克彦君はまじめな性格。けっして怠けたり、勉強するのがいやになったりということで、そんなことを言いだしたのでないことは、ぼくにはよくわかっていた。夏やせということだけとは思われないほどにからだもやせて、五十数キロあった体重が四十キロ台まで下がっていた。よほど一人で長いあいだ悩んでいたのだと思う。親思いである克彦君としては、せっかく行かせてもらった大学を途中でやめるとは言いだせなかったのだ。

克彦君が言うには、自分は工学部にはいって建築の勉強をしたかった。それも木のぬくもりにじかに触れながらの勉強を望んでいた。ところが、大学で教わる勉強はそういう方向とはぜんぜんちがう勉強ばかり。このまま大学をつづけても、××建築士という資格は早く得られるかもしれないが、自分の生きたい方向とはちがう——と。

ぼくは、では、大学をやめてどうするつもりかと尋ねた。

すると、克彦君は大工の見習いからはじめたい、という。思いつめているようすに、ぼくも真剣に考えた。

やはり、以前ぼくの塾生だった生徒の親で、いまでもおつきあいがつづいている酒井さんという人がいる。酒井さんは浅草の大工の棟梁《とうりょう》で、ぼくの家を建ててくださった人。いや、そればかりではなく、経済的にも精神的にも今日まで、ぼくとぼくの塾を援助しつづけてくださった第一の恩人でもある。

克彦君の両親に会い、克彦君の気持ちを伝え、酒井さんの話もした。お母さんはずいぶん悩まれたようだったが、結局、克彦君の思うように、ということで落ちついた。

その後、克彦君は一人で浅草の酒井棟梁のところを訪ね、大工の弟子入りを申しでる。ところが、酒井さんも一徹な人。「おお、そうか」とは応じない。「自分で望んではいった大学もまっとうできんようでは……」と、とりあってくれなかったという。

ところが、克彦君ももと植木職人という父親の子、負けてはいない。毎日、毎日、浅草まで足を運び、酒井さんに食いさがったのだった。酒井さんは何回も会っているうちに、だんだん克彦君が気に入り、とうとう根負けしたかたちになった。

「わしはもう年齢《とし》だ。わしのところは弟子はもう取らん。木を扱う大工の仕事なら、いいところを知っている」

木造なら日本一の仕事をする、という水沢工務店というところへ紹介状を書いてくれたのだった。

あれから八年。いまも水沢で仕事をしている克彦君だが、現在、西新井薬師の六角堂をつくっているそうだ。ほしいと思っていた鉋《かんな》が手にはいった、といっては見せてくれ、先輩に意地悪されるといえば相談に、親方にかわいがられるといえばいっしょに喜びあう……。克彦君とぼくとの関係も、いまだに切れることなくつづいている。克彦君もぼつぼつ年ごろ、こんどはお嫁さんのことにぼくの頭は向いている。

## からだの弱かった三女の三重子ちゃん

最後は三女の三重子ちゃん。三重子ちゃんは小さいころ、からだが弱く、下島さん兄妹の子どもたちのなかで一人だけぼくの塾へかよわなかった。しかし、たびたび下島家を訪問することによって、いつとはなしに知りあいになってしまった。

「からだが弱いからって、ひっこんでちゃだめだよ」

といって、最近ではとうとうスキーまでいっしょにするようになった。もっと積極的に、ということで書店にも勤めるようになった。ぼくの本が出ると、たびたび訪ねてきては売れいきぐあいを報告してくれたり、書店の週報を見せてくれたり。

「これ、ないしょね」

といって、ぼくの本を書店の目立つところにときどき置きかえたり、平積みにしたりしてくれている。

三重子ちゃんや克彦君とも、来年もまた正月三日からスキーに行く約束になっている。

毎年、暮れの十二月三十日には、下島さんのところで餅つきがある。もちろん、餅米は次女の伸子ちゃんがつくったものだ。

個人タクシーの組合の人たち(下島さんは個人タクシーの運転手さんだ)にまじって、ぼくたち一家と親しい父母、それにぼくの塾の番頭さんである清水君親子なども参加して、下島さんのところで餅つきが行なわれる。ことしも、もうすぐだ。

## 心の隔離の時代に

私塾をつづけてきたおかげで、きょうまで地域でいろんな人たちとの交わりがもてました。

下島さん一家のように、親子ぐるみ一生のおつきあいになってしまった家庭もすくなくありません。それも、ただ、ぼくと下島さん、ぼくと酒井さんというように、一本一本切れた関係ではなく、お互い知りあい、つきあいしているうちに、それぞれの人たちどうしで交際の輪が広がり、深まっていくようです。それぞれに職業や年齢はまちまちでも、いや、それだからといってもいいでしょうが、利害を超えたところで親どうし、子どもどうし、また、その親と子たちのあいだでほんねに近いおつきあいが生まれてきます。

もっとも、すべての子どもたち、すべての親たちというわけにはいきませんが、すくなくともその気になった人たちは主体的に集まれるし、交流もできるわけですから、いってみれば、私塾は、交わりを求める人たちの広場――いや、ロータリーかスクランブル交差点のようなものかもしれません。

塾といえば、受験学力をつけてもらったり、学校勉強の補習をしてもらったりするところ、したがって、親としてはその代償として月謝を払っているだけのことで、そんな家族ぐるみのおつきあいなんか生まれるわけはないと思われるかたもいると思います。たしかに、そういう人たちもいるでしょうし、塾にしてもそちらの塾のほうが多いのかもしれません。

しかし、すくなくとも地域密着型の小規模塾の場合には、ぼくのところにかぎらず、親たちとの利害を超えたおつきあいの機会がすくなくない。子どもの勉強のこと、学校や先生とのもめごとの相談からはじまって、親の失職や離婚の話まで、ぼくの塾では、あらゆる問題がまえぶれなく舞いこんできます。そのなかには、親たちと塾が、月謝を払っているのだから、あるいはもらっているのだから、という関係を超えた、生活、生き方、暮らしなどをふくめた問題がいくらでもとりあげられるのです。

現代は、人間どうしの関係でも、ある部分だけ――それもお互いの利害にかかわる部分だけ――で、やりとりしている時代です。「無機的人間関係の時代」といっていいかもしれません。父親にしても、会社で仕事をしてはいるものの、そこのなかで同僚・上司・部下をふくめて互いに有機的な人間関係が成立している場合はまれではないでしょうか。立場や仕事から離れても、お互い家族ぐるみのつきあいがつづき、生涯いっしょに生きていく仲間となる関係はどれほどあるでしょう。それどころか、家族のなかでも、いまはうっかりすると人間関係がくずれる時代です。夫は会社へ出向いたら夜遅くまで帰らない。妻には、その夫がそとでどういう生き方をしているのかは見えない。単身赴任ということも起こる。妻も、家庭で一日あったこと、子どものこと、自分の思いや気持ちをくわしく夫に聞いてもらう時間がないのかもしれません。つらさ、さびしさをまぎらわすために、ついお酒、ということもあるでしょう。生きがいをわが子に求める場合もあるでしょう。

子どもにしても、孤独なのかもしれません。学校で「いじめ」にあっても親に言わないで、一人で死を選ぶ子もいるくらいです。小学六年、中学二年、高校二年の三〇—四〇パーセントが「死んでしまいたい」と思ったことがある、ともありました(東大医学部精神神経科のグループによる調査。全国十七都道府県の五千百八十五人へのアンケートによる。昭和六十年十月二十一日付『読売新聞』)。

夫も妻も子どもも、それぞれがある〝断片〟でしか交われなくなり、かなしさもつらさも、それぞれが各自で処理をしなければならなくなっているとしたら、それはとても恐ろしい〝心の隔離〟の時代といわなければなりません。

## 地域の〝広場〟となって

いま、都会にかぎらず、農村でも漁村でも、戸外で群れ遊ぶ子どもたちの姿が見られない、といわれます。家のなかにいる子が圧倒的に増えたためです。これは子ども文化の変容の結果です。一家庭の子どもの数が減った、核家族化が定着した、情報化・商品化社会になった、子ども労働の消滅、などの結果です。子どもの遊びの変質もこれらの所産でしょう。昔のように、戸外で異年齢の子どもが混じって、ベーゴマ、カンケり、ゴム段、鬼ごっこ、戦争ごっこなどをして遊ぶ時代ではありません。

一家族の兄弟姉妹が少なくなったことひとつ考えてみても、子どもにしてみれば、それだけ親の期待・監視の比重が自分に大きくのしかかっていることになります。「勉強しなくてもいいの」「いまの成績じゃ、ロクな高校へ行けないわよ」という声も日常的に降りかかってくるかもしれません。かといって、子どもたちの公認された居場所といえば、〝家庭〟以外は〝学校〟しかないのです。

では、その学校は、といえば、たてまえとフォーマル(儀礼)でせまり、いじめ、体罰、規則、テストと、ゆったりとはとてもいえない空間になりつつあります。

学校の教師のなかには、「塾が学校教育の機能を低下させた」とか「塾が地域の子ども社会を崩壊させた」「遊びを奪った」などと言う人がいます。そうでしょうか。ぼくは反対のような気がしてなりません。塾は、子どもたちにとって、〝もうひとつの居場所〟、親から公認された、人間の有機的コミュニケーションを再生させる最後の〝逃げ場〟となっているように思えてなりません。すくなくとも、受験にしのぎを削るビシビシスタイルの進学塾なんかではなく、地域ぐるみ親ぐるみかかわっている地域ミニ型の私塾では、子どもが安心して群れ集える場になっているのではないか——と。

子どもにしても、親にしても、なにか困ったことの相談に学校を頼ることが少なくなったように思います。学校自体が権力や組織という制度で成り立っている機関であることを考えれば、それも当然です。

「うちの子は勉強がおくれているのですが……」

「担任の先生と合わなくて……」

「いじめにあって、登校拒否に……」

などと、学校側に相談にいったとしても、たいていの場合、すっきり解決ということは期待できません。たまたまぼくの場合、地域で子どもについてのさまざまな相談を受けたり、親どうしの話しあいの場に招かれたりすることも多くなり、いわば地域のよろず相談所のようになってしまいました。地域の父母の集会である「土曜会」、子ども劇場サークル、練馬母親勉強会、文庫グループ、自主学習会、小学・幼児読書サークル、幼児の社会性研究会、学童保育の会などなど。これらの会に共通していえることは、一に、学校主導でなく民間主体で自前の集まりであること、二に、子どもも親も、学校べったりにお任せしないという姿勢であること。それぞれが地域で自立した自主的活動を行ないつつ、親が学び、子どもを守るという方向で進んでいます。

ぼく自身、この練馬という地域に根をおろしてから二十七年たつわけですが、近隣の学校のなかを見わたしてみても、十年、十五年まえに在席していた教師はもう一人もいません。校長だって数えきれないくらい変わってしまっています。ということは、学校は地域に存在しながら、そのなかの人間はつねに流動し、したがって、教育・子育ての責任をとってくれそうな人は、そこにはあまりいないということになります。

多くの親は、もう、そのことに気づきはじめています。国家的規模で、教育の方向を決められ、その出先機関としての学校にわが子を預けても、終局的には、親以外のだれも、わが子の責任をとってくれる者はいない――と。

もっと有機的に、もっと風通しよく、地域で子どもも親も生きられ、交わりあい、学びあえるように――、そう望んでいる人びとはふえつつあると思います。私塾は、そうした、地域でわき起こる〝市民教育運動の基点〟として地域の人たちに役だつ要素を備えていると思うのです。

# III 地域ミニ塾ネットワーク

私塾のつながり

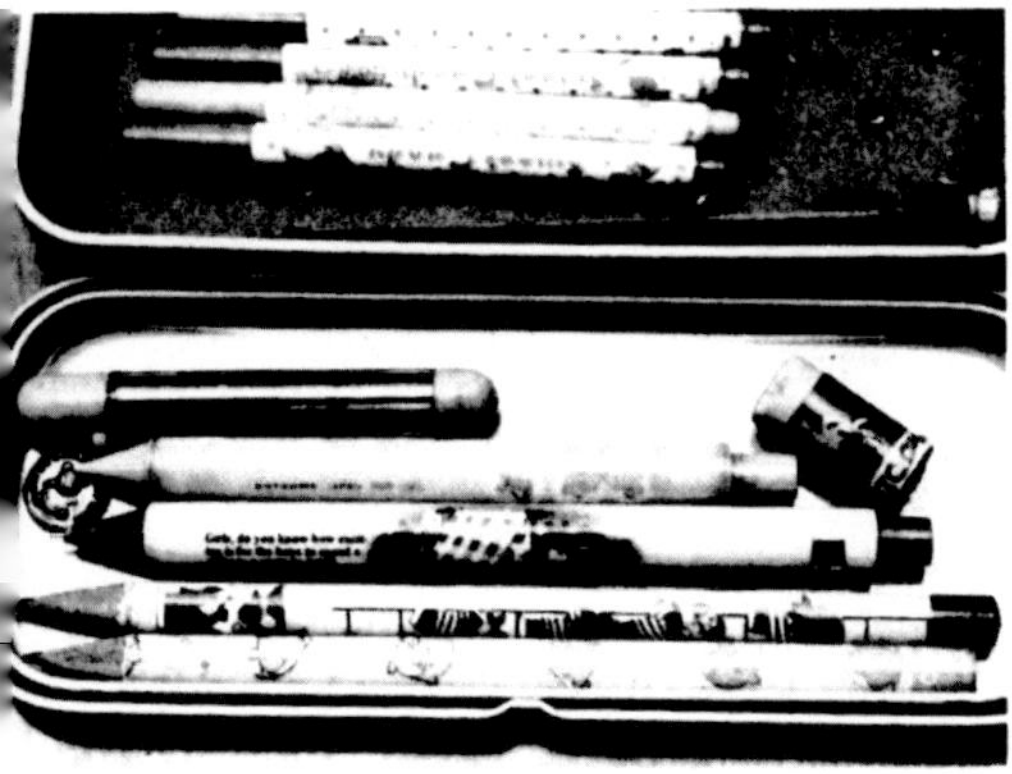

## 自分も他人も自由でありたい

私塾をはじめるには規約も制約もありません。だれでも始められます。教師の資格がなくても、べつだん、勉強が好きでなくても、教える技術にたけていなくても関係ありません。

いま、全国でかぞえきれないほどの私塾が存在します。その人たちは全員はじめは私塾では〝素人〟であったはずです。つまり、だれでも初体験のままスタートをきった人びとです。ただ、そうしてスタートをきって、今日、なんとか私塾として地域に定着している人たちをみると、いくつかの共通な要素があるように思えます。もっとも、そうした人びとは、ぼく自身が好きであり、気に入っている人たちですから、独断的な見方になるかもしれませんが……。

共通点の一つは、肩書きや立場をほしがらず、それに、〝寄らば大樹の陰〟という気のない人、といったらいいでしょうか。べつの言い方をすれば、〝自分〟と世間を直接対峙《たいじ》させて生きる生き方のほうを選んだ人たちということになります。

学校の教師というのは、教員資格を取得し、教員の試験にパスすればなれます。採用が決まれば、その日から身分も給与も保証されるばかりでなく、教室にはいれば、目のまえには制度によって集められた何十人かの子どもたちがすわっていてくれます。でも、そこにすわっている子どもにしても、その保護者である親にしても、その先生を選んだわけではありません。子どもや親の意志に関係なく、先生は〝先生〟の立場になるわけです。

そこへいくと、私塾の場合はちがいます。おなじ生徒と先生という関係になるにしても、その手順、構造的プロセスがまるで異なります。「○○先生の塾」「△△さんがやっている××塾」というように、やっている人間の固有名詞がかならずつき、その固有名詞を世間にさらし、生徒に選んで来てもらうのですから。つまり、学校の先生は〝公務員〟を志向した人たちであり、私塾をやろうとした人は〝自由業〟をめざした人ということです。これはよい悪いの問題ではなくて、生き方のタイプの問題です。

私塾(といっても、ぼくの好みの私塾ですが)をめざした人のもう一つの共通点は、〝自由〟でありたいという気持ちが強い、という点です。〝自由業〟といわれるくらいですから、それも当然のことなのでしょうが、自分の自由に執着するばかりでなく、ひと(子どもや大人)の自由も認めたいという人が私塾人には多いようです。

学校の教師にしても一般企業の会社員にしても、そのなかで仕事をするのに、あまりにも制約が多すぎます。自分がなにかするにしても「○○せねばならない」「△△であるべき」というワクが仕組みのうえでも決められていますし、自分でも自己規制しなければならない部分がたぶんにあります。したがって、自分をそのワクにはめて生きることによって、相手にもそれを要求する性癖も生まれてきます。先生ならば、生徒に対して、「○○してはいけない」「△△しなければダメ」というふうに。

千葉県のある小学校長が、教師に対して示した「現職教育内容の具体」と題した指導文書、というのを見たことがあります。おもしろいので、ここにちょっと引用してみます。

②―こんな教師になろう(教育目標実現・具現のために)

[イ]教師集団の中で[現場秩序を厳守]

○挨拶のしっかりできる教師

○ハイッの返事のできる教師(大きい声で、はっきりと)
○先輩、後輩のけじめのつけられる教師
○自分の立場をしっかりと自覚する教師
○公私のけじめのついた教師
[ロ]言、行一致の教師
○感じたこと考えたことを論理的に整理し、それを他に伝えられる教師
○一年間は何も言わない教師(考えてはいなければならない)

……中略……

③—そうなるために

……中略……

[ロ]教師の一日
①—起床
○登校までの余裕をもって起床
○布団をたたむ
○髪をとかす
○ひげをそる
昨日のつかれが顔に出ないように配慮する

……中略……

⑤―食事

○必ずとるように(ラーメンのみにならないこと)

……中略……

㉘―退校

○学年主任に挨拶「おさきに失礼しますが何かございますか」

○校長、教頭に挨拶「おさきに失礼します」

　堂々と、一日の勤務を終えた喜びを表情に

――『学校生活と子どもの人権』日本弁護士連合会、第二十八回人権擁護大会シンポジウム第一分科会実行委員会資料より抜粋

朝起きてから下校するまで、「こうあるべき」と決められた項目だけでも二十八項目。項目別にあげられた事項は全部で七十八もあります。これは極端な例でしょうが、これほどまでてなくても、教師になれば多かれ少なかれ、なんらかの管理や制約がついてまわることは覚悟しなければなりません。

自分もしばられることを好まず、子どもたちも自由でいてほしいと願う種類の人間は、どうも学校というエリアへ身をおこうと思わないのではないか、と考えます。

これから紹介するかたがたは、肩書きや立場を求めず、自分も他人も自由でありたいと考えて生きている人たちといってよいと思います。

## 「ふれあい」仲間

●三浦金一郎さん——埼玉・川越市「新河岸学習塾」

私塾を開いてから二十年といいますから、私塾人としては超ベテランです。しかし、三浦さんは、いまでも自分が「先生」と言われることをきらいます。「川越のおじさんでいいです」と謙虚で照れやの三浦さん。ふだんの生活もたんたんとしたもので、五十名ばかりの塾生は増えるもよし減るもよし、すべては水の流れるごとし、と達観しているかのようです。勉強を見るといっても、今良寛のようにいっしょに子らと遊んでいる、という感じさえ受けます。いつ来て、いつ帰ってもかまわない。その子が好きなだけいて、あきたら帰ればよい、と。

三浦さんは私塾のあいまに、文章を書き、詩をよみ、短歌をつくる。休みの日には山に登り、旅をし、酒を飲む。あくせく人のうえに立とうとしたり、金をもうけたりすることなどは性に合わない——というタイプの人です。

三浦さんの仕事は、私塾のほかに全国向けのミニコミ誌『ふれあい』の編集が大きな比重を占めています。毎月三十二ページずつ、それも全ページ手書きでイラスト入り。毎月のこととて、たいへんだろうと思いますが、長年、一度も発行日をズラしたことはありません。『ふれあい』の最終ページにはいつも決まって、つぎのような文がのせられています。

——「ふれあい」は山に登ったり、旅をしたり、酒を飲んだり、苦しみや楽しみを語りあったり、文を書いたりしながら、人と人とのふれあいをたいせつにし、仲間と心の交流を深めるための集まりです。——

三浦さんの主宰されている「新河岸学習塾」もまた、地域の子どもたち、親たちとの心の〝ふれあい〟をなによりもたいせつにして営まれています。

●山本祐弘さん――東京・足立区「山本数学教室」

塾開設後二十二年ということは、ずいぶんと歴史があります。山本さんはこの長い歴史のなかで、「子どもたちに、評価、比較、能力の差、集団、時間といったものをできるだけ感じさせない場を提供してあげたかっただけです」と言われます。たんたんとして力まず、水の流れのように静かで柔らかい人です。

週二回の学習時間は、一斉授業という形態ではないので、一人ひとり好きな時間に来て、自分にあった学習を好きなだけやっていきます。塾といえば、「教える」ということが第一義のようですが、山本さんのところはちがうようです。一人ひとりの子どもによりそって、その子の「快さにつきあう」という感じです。

山本さん自身、たいへん無口でもの静かで、ぼく自身、きょうまで山本さんが大声を出したりおこったりした姿を一度も見たことはありません。山本さんのそばにいるだけで、ただそれだけで自分がすなおで正直になれる――そんな気持ちにさせられてしまう、不思議なかたです。宣伝もせず、地域にあちこち出かけていくこともしないのに、つねに二百人近くの子どもたちが通塾している、というのは、そこへかよう子と、その親たちに、よほどの信頼があることを物語っています。

スタッフは山本さんをはじめ〝家族ぐるみ〟。子どもにとっては「もう一つの家庭」という雰囲気です。いろんな子がかよっています。なかには子ども本人や親にひとこと忠告してあげたいような場合もあるにちがいありません。でも、山本さんは口で教えることをしないようです。――これではこの子がかわいそう――そう感じると、「口」より先に「涙」が出てしまう。子どもたちは、自分で成長していく力をみんな持っている。それをつぶさないようにしたい——そう山本さんは言われます。

さきの三浦さんと山本さんは古くからの友人で、ぼくも二人とは十年以上のおつきあいになりました。ミニコミ誌『ふれあい』は三浦さんの編集、山本さんの発行となっていますが、山本さんが毎月書かれている〝ふれあいの窓〟という欄は、読むたびに心が洗われるようですがすがしい文章です。つぎに、山本さんの〝ふれあいの窓〟から転載させていただきました。

ドキュメント・地域ミニ塾 7

# ふれあいの窓

東京では珍しく大雪が降り積もった翌朝、午前中に終えねばならない用をしていると、呼び鈴が鳴った。インターホンの声が子どもなので生徒だと思い、教室の戸を開けると、女の子が赤い手提げ箱を持って立っている。頭のなかで何人かの生徒の顔と名まえを引きだしてみたが、一致しない。「なに」と聞くと、「前原です」といったまま用件はいわない。雪のうえに立って私を見つめる表情は固く、近寄りがたい感じさえ受ける。寒いので、ともかくなかに招きいれてさらにたずねると、「立石から来た」という。私は、ハッとした。

小学二年の二学期から学校へ行けなくなったわが子を心配したお母さんが、〝学校外で学ぶ子の支援塾全国ネット〟の本部からの紹介で私のところへ電話してきたのは一か月ぐらいまえだった。概略を話して翌日、来るという。

## 登校拒否の子

なにが原因で幼い心を閉ざしはじめたのだろう。お母さんは「学校でからだの欠点について言われたからかもしれない」というが、それだけだろうか？ 幼くて感じやすい純な感性を、心ないだれかが傷つけていったにちがいない。そして、本人はいっしょうけんめい耐えながら、大人に訴えているのにわかってくれない。それが通じないと知って、自分がこれ以上傷つかないように、自分で守るため殻に閉じこもりはじめたのである。役にたてないかもしれないが、とにかくやるしかない。二日酔いで嫌われたらたいへんだと思ったり、水垢離《みずごり》を取ってでも好かれたいような気持ちになったりしたから不思議だ。しかし、いじめられ、傷ついて苦しんだ子は、大人のうそを見抜く力を持っているから、ありのままで接してみるしかないと思うと、こわいような気もして緊張したことだった。

翌日、教室がはじまってから親子で訪ねてきてくれた。よく話を聞いたり、思ったことをいったりして、自分なりにせいいっぱい接したつもりだったが、あまり役にたてなかったようだ。住所も電話番号も、あえて聞かなかったのはべつとして、本人の名まえも聞かなかったのは、私があがっていたからかもしれない。「無理に学校へ行かなくともよい、と真底から親が思わないかぎり、子どもは明るさをとりもどしてこないと思う」などと話したことは覚えている。当然のことながら本人はお母さんにべったりしていて、一人ではなにもできないように思えた。いま、雪のうえにしゃんと立っている子は、小さいながらも自分の意志で行動するんだと言いたげに見える。とても先日の子どもと同一人物とは思えなかった。「お母さんはどこかに寄ってるの」ときくと、「一人で来た」という。「お母さんは家にいるの」ときくと、「いない」と答える。電話番号を聞くときちんといえる。「名まえは」というと、「ふゆの」と教えてくれた。口数は少なく、声も小さいが、自分の知っていることは、しっかりとものおじせずに答える。家に電話すると留守だ。なぜ来たのかはっきりしないが、来たことはだれも知らないようだ。親が帰ったり、電話したりして、ふゆのちゃんがいないと知ったら、どんなに驚くことだろう。まさか私のところへ来ているなどとは思いもよらないだろうから。

駅前通りから私の家に曲がるところに、矢印のついた案内板がまえにはあったが、いまはない。千住に住む人でも路地をまちがえやすいのに、立石からだと三つの電車に乗りつがなければ来られないし、普通電車以外はとまらない。乗りかえ駅もある。しかも、駅の建物が離れているから、大人でもすんなりは来れない経路である。小学二年生で甘えん坊に見えた女の子が一人で来たなどと、はじめは信じられなかった。

## ふゆのちゃんの小さな手

家の人と連絡がとれないのを気にしながら、ふゆのちゃんに「遊んでいく?」ときくと、しばらく黙っていたが、「帰る」という。「一人で帰れるの?」ときくと、「帰れる」とはっきりいう。やれることは自分でやらせることが本人のためだと思っている私は、信じて一人で帰そうかと思ったが、なんとなく離れがたい気持ちがあり、「駅までいっしょに行こう」というと、うなずいた。外の空気は冷たいが、太陽の光は暖かく雪を溶かしている。散歩のようにゆっくり歩くと、ふゆのちゃんもあちこちの店をのぞきながら行く。「うちに犬がいるよ。片目だけどかわいいよ」と私がいうと、「田舎にもいる」と答える。

「田舎はどこ?」「香川県」

「じゃ、新幹線で行くんだね。ぼくの田舎も四国だよ」「四国のどこ?」

香川県からまだ山を越えて行くんだよ……などと話しているうちに駅に着く。エスカレーターをのぼったところに小窓があって、家々の屋根に積もった雪がまぶしく光っているのが見える。私はそうっとふゆのちゃんを抱きあげてその景色を見せた。切符売り場に来ると、赤い手提げ箱を開けてお金を出そうとする。私はそれをとめて、自分の切符もいっしょに買った。心配でついていくのでなく、楽しいから行くのである。東武中田駅で京成電車に乗るには、駅を出てすこし歩く。ちょうど入試の発表を見にいく女子中学生でごったがえしていたが、ふゆのちゃんは落ちついた足どりで歩く。料金表を見ていると、「七十円」と私にいう。二人で電車の窓から外をながめながら、またぽつりぽつりと話す。

「一人で電車に乗ったことまえにもあるの」「うん、四回ぐらい」

「こわくなかったの」「うん」

「家の近くで知っている人はいないの」「いる。おじいちゃん」

「えッ、おじいちゃんがいるの。なにやっているの?」「時計屋さん。ネックレスも売ってる」

「電話番号、知ってたら教えて」「うん……」

青砥《あおと》駅でせまい長い階段をおりてべつの線に乗りかえる。ここからは一駅なので今度こそ別れることにした。「また遊びにおいで」というと、「うん」といってくれた。

手を握ってさよならをいって電車に乗せる。ちょうど、反対のホームに私の乗る電車が来たので乗ると、ふゆのちゃんが小さな手を振ってくれている。ドアが締まり、動きだしても振っている小さい手が私の目に焼きついた。とうとう笑顔は見せてくれなかったが、すばらしいプレゼントをもらった私は、いまでもたいせつに思いだしている。

幼いのに心を閉ざしはじめたる
冬乃ちゃんを送りて歩く雪道

山本祐弘

## 地域で手をつなぐ私塾仲間

**●中村猛夫さん**——東京・足立区「中村学習教室」

東京・足立区といえば〝下町〟です。小さな商店が立ちならぶ駅まえ通りや、民家のならぶせまい路地の一角に中村さんの塾はあります。塾名は「中村学習教室」。先生は中村さんと卒業生のアシスタント数人。生徒は百人ちょっと。ぼくは中村さんと北千住の商店街を歩いたことがあります。エプロンがけのおばさんや自転車ですれちがう小・中学生、それにねじりはち巻きの商店のおじさんたちが、中村さんの姿をみつけると、気楽にあいさつを交わしていました。十八年まえから開いている私塾は、もうすっかり足立区北千住界隈《かいわい》では〝地元の塾〟として根を張っています。

ぼくと中村さんとは十数年まえからのつきあい。いまでは兄弟のような仲になってしまいました。塾といえば勉強を教えることが主になるはずですが、中村さんの塾は〝生活ぐるみ〟面倒みちゃおうという感じです。子どもが元気がないと見るや、その親はもちろん、学校の担任教師のところまで出向いていってとことん話しあったりもします。

地元の青少年のバレーボール・チームの監督をやっていることもあって、卒業生をふくめた地元の青少年たちとの交わりも親密です。塾生に対しても、天気のよい日には近くの荒川土手へ連れだしてはバレーボールで汗を流すということもやります。

最近では、学校でいじめられたり、不登校で悩んだりしている子のめんどうを積極的にみることにも力をつくしています。ただ、そうした親と子とかかわるとき、中村さんの姿勢は意外にきびしく、「結局は、人の力で立ちなおるのではなく、自分で立ちあがって歩きだすのだ」と、よく言います。しかし、中村さんのきびしさの裏には、長年の体験から得た哲学と、根っからの人間的なやさしさがかくされているのです。

中村さんの私塾を営むにあたってのモットーは、つぎの二つだといっています。

①—弱者を切り捨てない。トコトンかかわる。

②—子どもみずからが学ぶ姿勢をつくる。

ところで、この中村猛夫さんの「中村学習教室」と、さきの山本祐弘さんの「山本数学教室」とは、おなじ足立区北千住で目と鼻のさきのところにあります。たいていなら、同業でおなじ地域の塾どうしは商売がたきの関係ですから、交流がないのがふつうです。ところが、中村さんと山本さんは大の仲よし。兄弟のように行ききをしているばかりでなく、両方の塾の父母によびかけて、共同で地域の教育懇談会を開いたりしているのです。

私鉄沿線の駅まえで、大手の進学教室どうしが敵対し、生徒の争奪をめぐって火花を散らしているのを見聞きしますが、そういうのとはあまりにも対照的な二人の関係です。

**●井口勝督さん**——東京・練馬区「セミナーたちばな」

井口さんとぼくの塾とは、私鉄の駅にしてたった一つしか離れていません。しかし、そのあいだには十数塾はあろうかと思われるほどの「塾過密」の地域です。そんな地域でも、私塾の姿勢や考え方が似かよっている塾となると、そう数はありません。

井口さんの塾も、ぼくの塾同様、地域中心の方針です。したがって、たった私鉄沿線一駅といえども、そこで、互いにテリトリーがぶつかりあうことはめったにありません。しかし、山本さんと中村さんの関係のように、ぼくと井口さんとのあいだにも、地域で手をつなぐ仲間関係が去年からできてしまいました。

去年、たまたま地域で母親たちとの勉強会の席上、井口さんと知りあいました。私塾をいとなむ姿勢がお互い共通していることを確認しあい、すっかり意気投合してしまったのです。「支援塾全国ネット」のメンバーにも加わってもらい、仲間としてやっていくことを約束しあいました。

以後、井口さんのほうが地理的に近いのではと思われる入塾希望者には、井口さんの塾を勧めるようになりました。学力遅れ、登校拒否、いろんな生徒が今日までこうして井口さんの塾を訪ねていったわけですが、その対応とフォローについては、とてもぼくなどではできないくらい的確でていねいなものでした。また、たまたま通塾することになった子どももやその親からは、ほとんど例外なく「よかった」という、感謝の報告がきています。

たいていの塾は自己宣伝をします。しかし、ほんとうにその塾がよいかどうか、私塾者の人格がどうかなどということは、そこへかよう子と、その親たちによる評価でなければ決まりません。井口さんの塾へかようある女子中学生と、その親はこう言います。「卒業しても、ずっと一生おつきあいさせていただきたい先生です」と。

井口さんは「勉強を教える以前に、その子が元気に、意欲的になることがカギだ」と言っています。ちなみに、井口さんは私塾をはじめる十年まえまでは、親と子の教育問題などについてのケースワーカーをやっておられたということです。

井口さんとぼくとは、練馬というおなじ地域でこれからも協力しあって、地域の子どもたちの教育に役だとうと話しあっています。

ドキュメント・地域ミニ塾8

# 父は教師、息子は私塾

……今北正史さん　宮城・仙台市「寺子屋・北卅舎」

## 立派な父と中卒の人びとと

子どもは好き、だけど教師だけにはなりたくない――そう思っていた。「でも、気がついてみたら私塾をやっていたんですねェ」。そういうと、今北正史さんはちょっとさびしそうに笑った。

今北正史さん。ことし三十六歳。ぼくは今北さんと三年まえから知りあった。

今北さんの両親は長いあいだ教師であった。父はことし七十七歳、母は七十二歳。十年ほどまえまで父親は公立高校の校長をしていた。思春期というか青年期というか、そういう年ごろのとき、子どもは自分の親が世間でもっともいやな人間に見えることがある。今北さんは、自分の父親である教師の姿をまぢかに見つつ育った。父は厳格かつ勤勉であった。学問好きの父は、若いころ、ふろをたく薪《まき》の明かりで勉強をつづけた。明治生まれの気質は、自分に対してもきびしかった。独学で大学まで進み、苦労しながら教員の資格をえた。学校の教師を三十数年間勤め、後年、校長としていくつかの学校にも赴任した。

そんな父親を見ながら、大学時代のかれは、「学校の教師だけにはなりたくない」と思っていた。教職課程も取らず、ひたすら厳格な父の希望とは反対の方向を向きつつ生きた。大学の後半はアルバイトもはげしさをまし、勉強をそっちのけで働いた。電話工事の人夫、板前の見習いなど。大学は仙台であり、実家は京都であったから、そんな彼の生活は両親に知れることはなかった。大学を卒業しても今北さんは〝定職〟につこうとはしなかった。父は、そんな息子を見て、どんな思いでいたのだろう。

「おなじ方向を向いて、おなじ土俵で生きることが、ぼくにはどうしても……」。

立派でありつづけた父に、息子は心のどこかで反発を感じていたのかもしれない。今北さんがアルバイトでつきあうことになった人びとは、ほとんど中学卒業の人たち。また、その働きさきの主人もやはり高い学歴の人たちではなかった。しかし、こうした人びとと寝食をともにするうちに、自分の育った家庭とは異なるもの、大学で得た知識とはちがったものを、一つ、また一つと発見していった。やさしさ、暖かさ、誠実さという、人間にとってたいせつなものが、けっして学歴の高さでえられないことを、しっかりとはだで感じた。今北さんは自分をこうした人びととも対比してみていた。板前さんや工事現場の人たちと比べて、自分がぺらぺらな人間に見えた。

その後、今北さんは、子どもたちとふれあう機会を求めて、塾の講師になる。ところが、その塾は、いわゆる進学指向の塾。幸か不幸か、そこではＡＢＣＤと能力別に分けられた最低レベルのＤクラスを受けもつことになった。

やがて、入試の結果をめぐって仲間やオーナーと意見の衝突が起きる。いい高校へ入れられなかった、ということで無能よばわりされたのだ。彼はＤクラスの子どもたちが好きだった。

「ランクの高い高校へ行く子のほうがいい子とはかぎりません」

偏差値や点数だけで子どものよしあしをかんたんに判断する仲間やオーナーに我慢がならなかった。考え方や見つめる方向がちがうことをはっきり知った彼は、進学塾を飛びだし、また一人になった。

### 情に支えられて

いや、そうではない。当時は、すでに妻と生活をともにしており、半年まえに生まれたばかりの赤ん坊を抱える身であった。妻は、ひとことも愚痴《ぐち》めいたことを言わなかったが、無一文の生活は彼をあわてさせた。そんなとき、妻の祖母にあたる人が「仕事は自分の思うとおりにするのがいちばん」といって、貯えの十万円をポンと出してくれた。地獄に仏――今北さんはそれを元手に市のはずれに小さなアパートを借り、そこで塾のスタートをきった。

「寺子屋・北桑舎《ほくそうしゃ》」――塾の名まえは決まったが、塾生は集まってこなかった。彼は近所や商店を訪ね歩き、手書きのチラシをつくっては、それを一人ひとり手わたしつづけた。

やがて、そのことを聞きつけて何人かの生徒が集まった。例の進学塾にかよっていたDクラスの子どもたちである。今北さんともう一度勉強したい、という子たちであったが、その子たちの弟や妹、それに、Dクラスの子たちが口コミで集めてくれた生徒たちで、塾生は十数人になった。しかし、それでも親子三人が生活できるまでにはいたらなかった。

塾生の父母はそのことを知っていて、お米や野菜、卵などを差し入れてくれたり、中華ソバ屋の主人が無料の出前をしてくれたりした。以前、板前の見習いをしていた店の主人は、たびたび電話をかけてきては、「ちょっと来ないか」と今北さん親子をよびつけた。腹一杯食べさせようとしてのことだった。こうした人の情に、妻は赤子を抱きながら、今北さんははしを持ったまま、湯気の立つなべやどんぶりをまえにして、何度も泣いた。

塾生やその親たちは、一人、また一人と生徒を引っぱってきてくれた。やがて、そのなかの一人の親から、「わたしの親戚のところが空いてるからいらっしゃい」と、むりやり塾の教室を移させられた。場所は市の中央であったが、家賃は相場の半額以下であった。

今北さんは、そのころから、人間のつながり、人の心のありがたさをつくづく感じるようになったという。人が困っていたり、つらい思いをしたりしているとき、黙っていられなくてかけずりまわり、助けようとしてくれた人たちは、けっして学歴が高い人でも金持ちでもなかった。むしろ、弱い人間、社会的には低くみられている人間であった——と。

そのころをふり返って、今北さんは目を潤ませる。

### 一人ひとりに語りかけながら

去年の冬、ぼくは仙台の今北さんの塾を訪ねた。

スタッフは今北さん一人だが(奥さんがときどきピンチヒッターに出るとのこと)、十数人の高校生がアシスタントとして教室にいた。どの高校生もういういしく、いい顔をしている。塾生たちも、今北さんや高校生たちといることが、なんとはなしに楽しそうで、どの顔もほころんでいた。あとでわかったことだが、それもそのはず、そこにいた高校生の何人かは、例のDクラスのもと生徒たちであった。

授業もすばらしかった。中二の数学の授業。今北さんはまるで塾生たちのお父さん、高校生たちはお姉さん・お兄さんという感じで、やわらかく、暖かい雰囲気の授業であった。エンピツを忘れた子に、黙ってそっとうしろからエンピツを机においてやる女子高校生。べつの男の高校生は、中学生の男の子がやっと一問の問題を解きおわるのを見とどけると、ポンポンと軽く肩をたたいている。中学生がふり返ってニッコリ笑う。それを今北さんは黙って見ている。

今北さんはあまりしゃべらない。まるで、塾生と高校生が楽しみながら勉強しているようで、落ちついていながら、しかも、活気があった。やがて授業が終わると、今北さんとアシスタントの高校生は、一人ひとりの生徒の名をよびながらノートを配った。

——あれ、授業は終わりのはずだが——

生徒たちは、各自わたされたノートに向かって黙々となにやら書きはじめる。一分、二分、三分——どの子もなかなか終わらない。そっと、そのノートをのぞくと、なにやら日記風。多い子はノート三ページにもわたって書きつづけている。みんな授業のとき以上に真剣だ。あとで見せてもらって驚いた。このノートは、塾生たちが、その日一日の授業のなかで、なにを手に入れ、なにを感じたかを反省としてつづったものであった。

「すごいですね。どの子もよくこれだけのことが書けるなァ」と、ぼくが感心すると、今北さんは、

「いや、はじめはダメでした」といった。一行でも二行でもいいから授業について

の感想を書いてくれないか、と頼んだが、書いてくれるのは塾生の半分くらい。でも、今北さんはそれで満足だった。書いてくれた子のノートをもち帰り、それをその日の自分の授業の反省にした。つづってくれた文章のあとには、書いてくれたことへの感謝と、自分の感想をまじえて一人ひとりに返事を書き、それを返した。一行書いてくれた子には二行、十行書いてくれた子には二十行というように、たいていは子どもの字数より多く書いた。そんなことを続けているうちに、やがて、どの子も書いてくれるようになり、いまではうっかり今北さんが忘れていると、子どもたちのほうから「先生、ノートは?」と催促されるようになった――と。

子どもたちの反省の文章も真剣で、とてもよかった。しかし、それ以上に、今北さんの返事がすばらしい。まるで、その子と対話をしているような文章ばかりで、やさしさにあふれていた。叱ったり、たしなめたりした文がまったく見あたらなかったことにも驚きを覚えた。

おそらく、今北さんは夜の長い時間、机に向かい、ノートを広げ、一人ひとりの生徒の顔を思いうかべ、その子に語りかけながら書きつづったにちがいない。

## 闘いの対象として

教育は学校があくまで主体。塾はせいぜいその補完的な意味しかない。本来なら私塾など、あってはならない存在なのだ――そう考える人びとは多い。勤勉で厳格、しかも、長いあいだ学校という公の教育現場で生きてきた今北さんの父がそう考えるのは当然すぎるほど当然である。

「早く足を洗って、まともな公務員にならんと……」

いまでも飲むと父はよくそういう。今北さんはぼくにそう話したことがある。

去年、ぼくは今北さんたち何人かの仲間で一冊の本を出した。『かけこみ塾ふれあい日記』(有斐閣)という本である。そのなかで、今北さんは二人の中学生の話を書いている。つっぱったり怠けたりしながらも、自分を立てなおし立てなおし必死に生きていこうとする少年たちのことを。おそらく、今北さんの父も母も、今北さんの文章を読んだにちがいない。

去年の十二月八日、この本の出版記念会を東京で開いた。今北さんが書いた二人の少年も仙台から記念会に出席したが、今北さんの両親も大津からはるばる上京して出席された。二人の少年は、もとツッパリ君とは思えぬほどすがすがしい好少年たちであった。今北さん一家とこの二人の少年に、今北さんの父もそこで出会った。席上、これらの人たちと今北さんの父が、どんな会話をしたのか、しなかったのか、ぼくは知らない。しかし、会も終わり、夜ふけて散会となるとき、今北さんの父はぼくにひとことおっしゃった。

「……よろしく……息子のご指導を……」たったひとこと、それだけを。

つい最近、そのことを、ぼくは今北さんに伝えた。すると、

「そうですか……。でも、父はまだ、ぼくの生き方を認めてくれてはいません」

今北さんは、そう言ってさびしく笑った。ぼくは、今北さんの笑い顔を見ながら思った。

――息子と父親は、ひょっとすると生涯をかけての宿敵、互いに闘いの対象として生きるものではないだろうか――と。

今北さんは、ほんとうは心の底では父を尊敬している。尊敬しているからこそ、その父が生涯なしえなかったなにかをさがし求めて生きている。ぼくには、そう思えてならないのである。

私塾を営んでいる人たちには、大学卒業後、ストレートでこの道にはいった、という人は少ないようです。今北さんにかぎらず、民間企業の小さな会社などをわたり歩いたすえ、という人たちは少なくありません。バーテン、キャバレーのよびこみ、屋台のラーメン屋、チリ紙交換などをやっていた人たちもいます。逆に、一流企業や学校・大学などから転身して、この道で再出発した人たち、司法試験を受けるかたわらやっているうちに弁護士などよりもこっちのほうが生きがいがありそうと、私塾を選んだ人たちもいます。

また、女の人たちでも、わが子が学校で落ちこぼれたり、登校拒否になったりして、さんざん苦しんだはてに、自宅で塾をはじめた人たちもいます。

いずれにしても〝まわり道〟を歩いてきた人たちです。この人たちが収入や社会的地位ではけっして高くはない私塾に落ちついて、「これでよかったんだ」と思いつつ、いまを生きています。多かれ少なかれ、それなりに苦労をしてきた人たちですが……。
そんな仲間をもうすこし紹介させてください。

## 夫婦、公と私に別れつつ

●天野秀徳さん——東京・中野区「中央教室」

天野さんの塾は学習面ではふつうの補習塾と変わりがありません。ただ、そこへかよう子どもたちには一種のファミリーのような親密さがどの子にもあります。しかも、子どもたちも多種多彩。学年で一、二を争うような子もいると思えば、いわゆる〝落ちこぼれ君〟や〝ツッパリ君〟もいます。それだけではありません。週のうちの何日かは家からなかなか出たがらない登校拒否の子どもたちの勉強をみたり、その子らを連れて遠足、ボーリング、野球などに行ったりもします。

天野さんはどちらかといえば、「全面子ども肯定論者」のようなところがあり、〝ありのまま〟の子どもの姿をそのまま受け入れられる大きさをもっています。どんなに学校や親から文句をつけられている子であっても、黙ってそばに寄りそって見守っている感じです。したがって、子どもからは、いつも本音を聞いてもらえる大人として、また、親からは、親の目では見えないわが子のよさを発見してくれる先生として、ともに深く信頼されています。

ときどき地域の父親や母親にわが家を開放し、「夜のおとな塾」なるものを設けていますが、そこに集まるおとなたちはもちろん、中・高生にいたるまでまるで親戚か兄弟のような親しさです。もっとも、この「夜のおとなる塾」は、〝塾〟とは名ばかりで、いろんな話をしながら酒をくみかわし、地域でお互いの理解を深め、コミュニケーションをはかることが主体となっているかのようですが。

天野さんは博学多才で、とくに英会話では外人との通訳も平気にこなし、私塾仲間から一目おかれています。学者の父の跡を踏まず、ひょうひょうとして無欲無心。街の赤ひげ先生という表現がぴったりの人物です。ところで、天野さんの奥さんは大学(中央大学)でフランス語の講師をしています。大学の先生というとちょっと近寄りがたい感じに聞こえますが、それがとても気さくで、塾生たちからは「おばさん」とよばれ、慕われています。しかし、生徒たちがよぶ名に似あわず、エキゾチックな美人であることもつけ加えておきます。奥さんは大学、天野さんは私塾、公私に仕事はわかれてはいても、教育に携わる夫婦であることにはちがいありません。

では、そんな夫婦をもう一組――。

●**大金和人さん**――栃木・宇都宮市「青葉塾」

大金さんは去年の春、からだをこわして半月ほど入院したことがあります。医者の診断では「過労」と「栄養失調」ということだったそうです。生徒数は三十名ばかり、けっして多くはない子どもたちを相手に過労とは……。

塾生に対してもさることながら、大金さんは地域のどの子でも心配な子にはトコトンつきあう、ということをしています。不登校の子らの家を一軒一軒、訪問しては、家から一歩も出られない子やその父母とじっくり話しあうことなどをつづけているうちに、昼夜働きどおしで、ろくに食事もとっていなかったことも響いて倒れたのだそうです。なにしろ、やりすぎるくらい一生懸命に子どもとかかわるタイプの人です。一人ひとりの子どもの家の事情から、その子のつらい気持ちまで、トコトンわかっていなければ承知しないようなところがあります。

大金さんが私塾をやるモットーは、「どんな子どもも、一人ひとりがだいじな主役なのだというプライドがしぜんにもてるような、そんな場にしたい」ということです。また、自分が主役なら相手も主役だから、自分だけでなく、自分以外の人間の事情もよくわかって、お互い理解しあえる人間広場を私塾のなかで築きたい、とも言います。

去年の暮れ、大金さんは長い(?)独身生活に別れを告げました。結婚相手はおなじ宇都宮に住む学校の先生。学生時代からの知りあいであったという奥さんは、大金さんのことをこう評しています。「ねばり強くて、とっても誠実な人」と。それもそのはず、大金さんが大学一年で奥さんに一目ぼれしてから、じつに八年間もプロポーズをしつづけて、やっとゴールインにこぎつけたのですから。

大金さんの「青葉塾」は二年まえ開塾したばかりですが、これからさき、奥さんは学校の教師、大金さんは私塾と、これまた公私にわかれながらも、おなじ子どもたちを相手に、どんなかかわりをつづけていくのでしょう。

全国には、天野さん、大金さん夫妻のように、夫婦が公と私の教育現場にわかれて生きている人たちが多くいるでしょう。でも、こうして、夫婦が立場の異なる場で子どもたちに接し、子どもの姿を複眼的にみられるということは、とても意味があることだと思われます。

## お母さん塾が燃えている

●山本静江さん——神奈川・大和市・「大和ＤＩＧ教室」

山本さんは塾を開いて八年目。塾生は地域の小・中学生七、八十人という小型のお母さん塾ですが、山本さんもやはり、教育にはまったくのしろうとでした。子どもに対しても親に対しても、「教えてあげる」というより、むしろ「教えてください」という姿勢でした。

当初は、中学生は自信がないと、入塾希望の塾生をことわっていました。でも、六年生になった塾の子が「卒業しないで、もっとここで勉強していたい」と言いだしました。やむをえず、「じゃあ、いっしょに勉強しようか」ということになり、山本さんも数学の「正負の計算」や英語のＡＢＣから勉強をはじめました。自分が教わりつつ、いっしょに考え、わからぬ子にはそれを教える、というふうなかたちで一年やっていく——。二年目になると、まえの学年の子たちに教わったことを、こんどは二年目の子に伝えていく。

こんなふうですから、自分のほうがわからないことなど、日常的であったわけです。子どもたちが学校で教わってくる部分を子どもたちから教わり、自分が問題集などで予習したことを子どもたちにぶつける、というようにしてやっていったのです。

「先生」というと、学校でも塾でも、親にも子どもにも一段高い存在のように自分で意識してしまいがちです。山本さんは「お母さん先生」という表現がぴったり。先生らしくない〝ふつうのオバサン〟です。ただ、ちょっぴり少女っぽく、すぐに涙ぐむオセンチな〝オバサン〟といえるかもしれません。山本さんは短歌が好きで、私塾のつれづれに短歌をつくっています。

理解《わか》らせることなく子等を帰したる日暮の部屋に虚しく坐る

自分の力が足りないことを自覚し、一日一日と子どもと交わりながら子どもに学び、驚く、その姿が山本さんの短歌から伝わってきます。知識の豊富さや子どもの扱い方の技術で子どもに対応しようとするのではなくて、子どもと肩をならべ、おなじ方向を向きつつ進んでいこうというのが山本さんです。

母親に対しても同様です。その昔、わが子の尻をたたき、追いつけ・追いこせと子育てしてきた山本さん。いまでは塾生の側に立ってみられるようになり、以前、自分が犯した罪を悔いています。そして、いま塾生の母親たちをみると、自分の過去とおなじ。でも、山本さんは、「そんな母親を責められない」と言います。母として、女として、わが子に対しては理屈どおりにはなれないことをよくよく知っているからでしょう。

山本さんは去年、住まいと教室を別にしました。いままでの家を、地域の子どもと親に全面開放し、寄りあい所、たまり場として利用してもらおうという意図からです。子ども文庫をはじめ、地域の教育活動や交流にどういかすか、いま、山本さんは胸をおどらせながら思案中だそうです。

塾をはじめるまえの山本さんは、万葉集を読んでみたり、カルチャー・センターへかよったり。そんな日々のなかで、なにかしなければ……と悩んでいたようです。夫から給料をもらい、子どもを育て、自分はカルチャー・センターなどにいってみる……。でも、やっぱり満たされはしない。女の人というものは、そんな自分の人生を考えたとき、ふっとさびしくなるときがあるのでしょう。家庭という、閉じこもった単位のなかで考えこんでいないで、ぽんと自分をそとに出してみたい。自分が生きていることが社会的になにか意義があるのだ、という驚きと喜びを実感できるなにかはないだろうか――と。

年齢的にも四十歳ぐらい。人間としての苦労もひととおりしてきて、いつのまにか身についてきた「ねばならぬ人生」「人生、こんなもの」というあきらめの境地にさしかかるころです。そんな自分の人生のなかで張りついた垢《あか》のようなものを洗い落とすには、ちょうどいい時期だったのかもしれません。

七年まえ、山本さんがつくられた短歌と、ごく最近つくられたものとを比べてみてください。

在りし日の日記を繰れば平穏に甘んずるは堕落と記されてあり
送別会はてて独りの教室に生徒等より贈られしブラウス着てみる

いまの山本さんの顔は八年まえよりずっと輝いているように、ぼくにはみえます。

もう一人〝燃えてるお母さん塾〟をご紹介しましょう。原田智恵子さんというかたです。

●原田智恵子さん——神奈川・藤沢市「辻堂算数・数学塾」

原田さんは、自分の子があまりにも算数がわからなかったので、これはなんとかしなければと考え、動きはじめられたのが塾はじめのきっかけだったそうです。ほんとうに、わが子はそんなにできないのか。ほんとうは算数を楽しみたいと思っているのに、その気持ちが学校では満たされていないのではないかという疑問が、最初の出発点になりました。

原田さんは、わが子だけの首根っこを押さえて教えこむのではなく、お母さん自身が勉強しよう、地域の子どもたちのためにも、複数のお母さんたちといっしょに勉強会をはじめようと考えたのです。どのお母さんも、自分の子に向かって、口を開けば「勉強しなさい」をくり返してきた人たちでした。しかし、考えてみると、学校の勉強がどうなっているのか、その勉強の中身はなんなのか、なに一つ知らないまま、ただ「勉強しなさい」と言いつづけてきたことに気づきました。

お母さんたちは、勉強の中身を知ろうとしました。つまり、子どもの母親であることがきっかけとなって、勉強や学校に対して、具体的に関心が向いていったのです。テストでわが子が零点を取ってきた日——ほんとうにわが子の頭が悪いから点数がゼロになったのか、それとも、先生の教え方やテストそのものに問題があったのか……と考え、勉強をしはじめました。そして、動きだしたのです。このまま、あなたまかせ、学校まかせではいけない、お母さんたちが自衛しなくてはとスタートしたのが原田さんたちの塾です。

原田さんの場合には、たまたま遠山啓先生というすばらしいリーダーにめぐり会えたうえ、そのご縁で石川充夫さんという数学の教師とも知りあうことができ、たびたび団地の集会場に来ていただいてはお母さんたちの勉強会がひらかれました。教科書を読みあい、検討することから、民間教育研究の成果とつきあわせて教科内容などを学びながら、「こうやってみたら、もっと子どもによくわかるのでは……」と研究しあい、学校教育のワクにとらわれないで、地域の子どもたちといっしょに学びあう教室をはじめたのです。ひとりのお母さんだけではなく、地域で、複数のお母さんたちでやりはじめたというところが、またおもしろいところでもあります。いまでは百人以上の子どもたちが、この教室で学んでいます。

こうしたお母さんたちの特徴は、勉強しているうちに自分たちがおもしろくなってしまった、ということでしょう。「学生時代、数学がよくできた」と自負していた人でも、ほとんどが押しつけられて勉強をやってきたわけですから、年をとったいま、自分から学ぶことで、はじめて数学のおもしろさに気づいたということとが多いのです。そういうお母さんたちは、自分がおもしろくなってくると、どうしてもその喜びをほかの人たちにも分かちたくなります。それがほかのお母さんたちにも伝染し、こんどは子どもにも伝えなくては……、ということになっていきます。それも、「自分の子だけわかればいい」というのではなく、他人の子どもにも、わかる喜びを伝えたくなります。やがて、障害のある子、不登校の子、算数アレルギーの子たちともかかわりながら、どんな子にも楽しくてよくわかる算数・数学の教え方を工夫・研究していくことになります。そして、母親ならではの教材・教具・指導法などをつぎつぎと開発していくのです。

一方、原田さんは、雑誌『ひと』の編集委員を十年以上もつづけていて、いまの学校教育の現実に、私憤ではなく公憤を感じておられます。その公憤を、「私塾」という地域民間の場で開花させたのが原田さんの塾だといえましょう。

原田さんは、こうして神奈川県辻堂団地を自分の地域として、仲間のお母さんたちと力をあわせて教育運動をつづけられています。そして、それらの一部始終をこのたび原田さん自身で本としてまとめられました。『お母さんの手作り算数塾』(北斗出版)という本です。原田さんはこの本のなかで、「全国に母親塾を」とよびかけています。いま、わが子が学校教育で傷つき、悩んでいる母親たちがすくなくありません。いじめ、体罰、登校拒否、学力不振……。こうしたわが子の悲痛な姿をまえにして、みずから立ちあがろうとしている親もまたすくなくありません。それも、ただ学校や先生に文句を言ったり、注文をつけたりする方法で立ちあがるのではなく、母親自身の手でわが子を守り育てるという発想から私塾をはじめられる人たちが増えています。

そういう人たちには、原田さんの実践や体験はおおいに参考になるのではないでしょうか。

現在、日本に私塾はどれほどあるでしょうか。十一万という人も、二十万という人もいます。そのなかで、ほんの身のまわりのぼくの知っている、わずかな私塾だけについてご紹介しました。さきにも述べたように、これらのかたがたは、ぼくが直接知りあい、大好きになった人たちです。まだまだほかにもいます。〝私塾〟とはいえないかもしれませんが、生活ぐるみ山奥で子どもや青年とかかわっているかた、登校拒否の子どもたちを中心に一生懸命に新しい子どもの安らぎの場・学びの場を模索している人、アメリカのフリースクールやホームスクーリングに似た試みをはじめているかたなど、全国にはおもしろそうなこと、子どもが生きいきすることを求めて、生涯をかけて私塾をやっている人たちがいっぱいいます。

これらをここで知るかぎり紹介することは不可能です。もし、全国のこうしたユニークで興味深い私塾やそれに似た人たち、およびその内容などについてもっと知りたいと思われるなら、最近、発刊された別冊宝島55の『学校にいかない進学ガイド』(JICC出版局)という本をご覧ください。もっと幅広い情報が手に入れられると思います。

## ドキュメント・地域ミニ塾 9

# 幸子の「昴《すばる》」

目を閉じて　何も見えず

哀しくて目を開ければ
荒野に向かう道より
他に見えるものはなし

幸子のソロがはじまると、車座にすわった四十名あまりの生徒たちはだれ一人、口をきく者もいなくなった。少し震えてはいたが、歌詞をほとんど記憶しているかのような、しっかりとした歌声であった。三月四日、中学三年生の巣立ちコンパ――。

鳴呼《ああ》　砕け散る　運命《さだめ》の星たちよ
せめて密《ひそ》やかに　この身を照らせよ

一段と音程があがると、幸子の身体はそれにつれて小刻みに震える。柔らかで、どこか外国の少女を思わせるような声を聞きながら、ぼくは幸子の歌う横顔を見つめていた。過ぎ去った日々の思い出が、その横顔からよみがえる。

## 泣きだした幸子

幸子は兎唇《みつくち》であった。母一人、娘一人。父母は幸子が四歳のときに離婚していた。塾へは小学四年生からかよってきた。塾生になってからの幸子はおよそ一年半、授業中ほとんど口をきかなかった。また、どんなに級友たちが愉快そうに笑いあうときでも、けっしてその輪のなかにいることはなかった。したがって、ぼくは〝あのできごと〟が起こる日まで一度も幸子の笑顔を見たことがない。〝あのできごと〟——幸子が小学五年になって半年ほどたった初秋のころだったと思う。それはほんのちょっとしたことがきっかけではじまった。

幸子はそのころ、三度に一度くらいのわりあいで、ぼくの質問にこたえるようになりつつあった。しかしそれは、よほど周囲が静かなときで、しかも、こちらが注意深く耳をそばだてていなければ聞きとれぬほど弱々しいものであった。あのときも、そうだった。

幸子に質問した。教室はちょっと静かになった。幸子がボソッと鼻にかかった声で答えた。と、そのとき、だれかがうしろのほうで幸子のことばを小さく口まねした。鼻にかかった声で——。瞬間ぼくは全身の血が逆流しはじめたかのように我を忘れた。

「だれだ！　いましゃべったヤツは！　手をあげろ！」

それまでにたまっていた言いようのないモヤモヤが一気にかたまりとなって爆発した。Ｉという体格のよい男の子がゆっくり手をあげた。ぼくは教壇からおりてＩの席まで飛んでいくと、手かげんなしの平手をＩの頭めがけて打ちおろした。許せなかった。相手が小学五年生であることなどぼくの興奮した頭のなかにはなかった。教室は水を打ったようにしらけ、すべての子どもたちの視線がぼくとＩ

に注がれた。

「エ！　どういうつもりで幸子の口まねをしたんだ。はっきり言ってみろ！」

平手を食った頭をさすろうともせず、じっとうつむいていたIは急にワッと泣きだし、机のうえに顔を伏せた。

「幸子の声が……ミツクチの子の発音が、おまえにはそんなにおもしろいか！」

叱られたわけでもないのに、自分が叱られたかのように泣きだす子もいた。うなだれ、無言で身じろぎもしないですわっている子どもたちを見て、急に不安になった。この子たちがなにを感じ、どう思っているのか……。一瞬、彼らが遠い存在になったようで、なにか言わずにはいられない衝動にかられた。

「なあ、みんな、どう思っているの、幸子のこと……。このさい正直に教えてくれないかなあ」

ぼくの申し出に、やはりだれ一人として口を開こうとする子はいない。しばらく待っても事態はなんの変化もなかった。幸子は机のうえにポタリ、ポタリと大粒の涙を落とし、ときおり、ブルッと肩を震わせている。ぼくのなかで、また、怒りの波が盛りあがった。

「なんにも言えんのか！　なんにも感じないのか！　……幸子のことを、オマエらはどう思っているんだい、言ってみろよ」

幸子は身を震わせ、しゃくりながら両手で机のまえをしっかり握ったまま泣きつづけた。

## 避けられていた幸子

突然、一人の少女が手をあげて立ちあがった。S子だ。

「かわいそうだと思います。サッチャンは……サッチャンが、かわいそうです……」

S子は真正面からぼくの顔をにらみつけ、明らかに抗議の態度を示した。声は涙で震えていた。

「サッチャンを泣かせてしまったのは……先生です。先生は、ザンコクです。だれだって、言ってほしくないことが、さわられたくないことが、あると思います……。これ以上、サッチャンを苦しめるのはやめてください」

途切れ途切れにそれだけ言うと、S子は、泣きだしてしまった。カウンターパンチをS子からいきなり浴びせられた。〈自分の腹だたしさが先行し、それが結局、幸子自身をムチ打ってしまったんじゃないか〉。しかし……そうは一方で感じながらも、ぼくの心のなかではS子のことばに全面降伏はできないなにかが渦を巻いていた。

「そうか……たしかにそうかもしれん。だけど……だけど、そうじゃないんだよ、そうじゃないと、思うんだ……」

――〝ミツクチ〟というのは、それ自体、厳然たる事実ではあっても、それを本人のまえで言うことばではないのかもしれない。しかし……幸子の口が奇形と言われる兎唇であることはみんなも知っている。承知していながらまわりの人間はそのことにだれもふれない。なぜか。〃思いやり〃からか。〃かわいそう〃だと思うからか。もし、そうだとしたら、思いやりとは、いったいなんなのか。〃ミツクチ〃ということばを本人のまえで語らないことか、あるいはお互いに話すとき、幸子の口元を見つめることを避けることが、それが〃人間のやさしさ〃なのか。そうではあるまい。そうではなくて、〃ミツクチ〃をタブーにすることによって、じつはその人間と自分とを切断することになるのではないか。つらさや痛さをお互いの心のなかで往き交わせることを積極的にやめてしまうことにならないか。〈あなたの痛さは、あなただけのもの〉というふうに。それよりなにより、心のなかで幸子のミツクチを思うとき、〈かわいそう〉〈自分だったらイヤだな〉〈自分は五体満足で生まれてきてよかったな〉、そう感じたことはないか。口では、あるいは心の表面では〃かわいそう〃と思う。その心の底に沈んでいるもののなかに、自分とは異なるもの、大多数の人間とは違う部分をもつ人間、そういう人間を忌《い》みきらう感情があぐらをかいてはいないか。〃憐《あわれ》み〃や〃同情〃は自分では気づかぬ〃差別〃とはいえないか——。

## 話しはじめた幸子

〃あのできごと〃があってから、幸子と幸子たちのクラスの雰囲気は変化した。幸子をとり巻く子どもたちの輪が広がっていくようだった。あれだけ寡黙《かもく》であった幸子が、兎唇特有のソフトな発声で、臆することもなくよく話すようになった。授業で挙手をし、応答し、笑いころげるようにまでなった。幸子の変貌は母親にも伝わったようだった。母親はたびたび塾を訪れるようになり、ぼくもときどき幸子の家を訪ねた。親しくなるにつれ、幸子の母親はいろいろ話してくれた。

幸子の誕生と同時に、母親の苦悶ははじまった。わが子が千人に一人という割合でしか生まれない兎唇であったとは——。生後半月ほどの乳児には兎唇手術が待っていた。母親は、なんど幸子とともにこの世を去ろうと思ったかしれないという。自分が発狂するのではないかと思った、ともいった。母子心中や発狂から救ってくれたのは、ほかでもない幸子自身であった。器具でしか乳を摂《と》ることのできない幸子の生きようとする姿であり、あどけない笑顔であり、寝顔であったという。

栄養不足や胃腸障害、それに、外気が直接口腔内にはいるので、しょっちゅうかぜをひく。ふつうの子がどんどん成長していく姿を見ながら、母はどれほどわが子を不憫《ふびん》に思ったことだろう。

幼児期にさしかかると、ことばの不明瞭が気がかりの種としてもちあがった。母は医者から教わったことを家で実行しつつも、知恵遅れになってはと一日じゅう語りかけることもした。そんな異常とも思えるほどの子ども中心の生活に、夫はさびしさと不満をつのらせていったのかもしれない。

「俺の家系にはミツクチはいない」「そんなに幸子がかわいいのなら二人で死んでしまえ」

この二つのことばが母親に離婚を決意させた。しかし、母親は別れた夫を憎んではいなかった。いや、かえって逆であった。幸子の誕生以来、母親は二度と子どもはつくるまいとかたく決心する。

「この子だけをりっぱに育てることが、わたしには生涯の仕事のように思えたんです。あの人にはほんとうにすまないと……」と母親はいった。

じじつ、離婚してからの母親の生活はたいへんだった。主婦専業から一転して職業婦人となり、娘を幼稚園、小学校へと進ませた。兄弟姉妹もいず、さりとて友だちともなかなかなじめない。そんな幸子の手を引いて、もう一つの学校「言語矯正訓練所」へと毎週かよった。

「いいえ、あの子はもともとあんなに口の重いほうではなかったんです」

母親が言うには、幼稚園や小学校など集団の場へ出るようになってしだいに無口になっていったようだと。

「小学校の、あれは、三年生になったばかりだったと思います」

三年の担任はMという年輩の男の先生だった。そのM先生に、ある日、幸子が叱られる。

「○○(幸子の姓)、フガフガ言ってたってわからんぞ、もっとはっきり言えんのか」

そのことがあってから、幸子は学校ではひとこともしゃべらなくなってしまったのではないか、と母親は言う。

## 昴になった幸子

あれから幸子は中学に進み、もちまえのソフトな発音がさいわいしてか、英語の読みや会話はメキメキ上達した。英検（英語検定テスト）の三級も二年生で取った。十年間、おなじ会社で勤めあげてくれたというので、母親の会社の社長からほうびとして娘をアメリカへホームステイさせてあげるという申し出があった。

「それはいいですね。受験勉強は九月からでもとりもどせますよ」

と、ぼくも二つ返事で賛成した。アメリカでの一か月の生活は、これから幸子が生きていくうえでの大きな自信と希望を生んだと思う。

我は行く　蒼白き頬のままで
我は行く　さらば昴《すばる》よ

同級生たちからヤンヤの喝采《かっさい》と拍手をもらって幸子はテレた。一番をうたいおわると、幸子はぼくにマイクをわたした。

「センセイ、二番、うたって」

ぼくは「よーし」とうなずいた。〈幸子よ、オマエは昴なんだ。かけがえのない、オマエという恒星しか放つことのできない光を放ちながら、これからも生きていくんだ〉。そんな思いでぼくはうたった。

呼吸《いき》をすれば胸の中
凩は吠《な》き続ける
されど我が胸は熱く
夢を追い続けるなり
嗚呼　さんざめく　名も無き星たちよ
せめて鮮やかに　その身を終われよ
我も行く　心の命ずるままに
我も行く　さらば昴よ

………――谷村新司作詞・作曲「昴」から（日本音楽著作権協会〈出〉第八六六二〇五三―六〇一）

車座の少年・少女たちは、一人、また一人と惜別の〝昴〟に声をしのばせて泣いた。

IV

# ひとり塾、私塾は楽し

## 私塾のつくり方

だれでもスタートは不安

十数年まえだったと思います。そのころから、「塾を開きたいのだけれど」という相談を受けるようになりました。塾づくりのコツというか方法についてのアドバイスを求めてこられるかたが多くなりました。わざわざ遠方から訪ねてこられたり、なにかの機会に出会って、まんざら知らない仲ではないというかたなどには、自分なりにできる範囲で、そのつどアドバイスをしてきたように思います。

それが塾に踏みだすのに役だったのかどうかはわかりませんが、それらの人たちのうちの何割かのかたがた(三十人—五十人くらいでしょうか)は、それをきっかけに私塾を開設されたようです。

ところが、そうして一人、二人、三人と開塾していかれた人のなかには、ぼくが期待していたものとまったく異なるスタイルの塾になってしまったかたがいたのです。三年、四年とやっているうちに、完全なる金もうけ主義に走ってしまった人、アッというまに千人以上もの塾生を集め、チェーン化してしまった人——。

もちろん、こういう人たちからは、いまではなんの連絡もありません。

一方、前章でご紹介したような、何年たっても、けっしてそうした金もうけ主義や拡張の野望に燃えることもなく、地味ではあっても気持ちのいい生き方をしているかたたちもいます。

塾にもいろいろありますが、やっぱりぼくはあとの姿勢の人たちのほうが好きです。こういう人たちとなら死ぬまで仲よく助けあい、支えあい、学びあっていきたいと思っていますし、新しくはじめてみようという人たちでも、こういう生き方をしてみたいと思う人たちなら、なんでも協力させていただきたいと思っています。自分が生きていることがだれかに役だつ、喜んでもらえる、しかも、そのだれかとは、弱い立場、差別を受けている側の人たちであって、けっして弱肉強食の強の側に立つ人たちではない、というのならなおさらです。

いまは、学校でもそれ以外の社会でも強者優先の時代のように思います。とくに、人としていちばん弱い立場にいる子どもに対して、学校は冷たすぎます。できの悪い子、遅れた子をそまつに扱いすぎます。それどころか、その子自身、どんなにいい子であっても、教師にさからったり、学校に適合できないというだけで迫害を受けたりする時代です。

ぼくたち民間側の人間としては、こうした不当な扱いを受けている子どもの側に立とうとする姿勢が、どうしても必要になってくると思うのです。できの悪い子をしめ出したり、できる子をよりできる子に仕立てるために、傷ついている子をさらに傷つけるようなあり方は、塾としてどうも感心しません。

塾ならなんでも結構とは、ぼく自身、考えていませんので、これから述べることは一般的ではなく、たいへん片寄った主張になると思います。また、〝応援アドバイス〟も、いま述べたような思いで私塾をはじめようとするかたたちだけを対象として、アドバイスを書かせていただこうと思います。

さて、頭のなかで「自分も私塾をやってみようかな」と考えている人たちはけっこういると思います。ところが、踏んぎりというか踏みだしというか、そのきっかけがつかめずに立ちどまっている人たちのほうが多いのではないでしょうか。だれでも新しいことをはじめるときは不安です。「自分なんかにできるのだろうか」「わたしはなにも力がないから」……と。

かくいうぼく自身もそうでした。六畳一間で開塾に踏みきろうとしたとき、いろんな不安が胸をよぎりました。二十七年まえのことです。近所の子どもが何人か遊び半分で集まってくるようになって、真剣に〝私塾〟

を考えました。模造紙を何枚か買ってきて、それを四つに切り、「私塾をはじめました」という趣旨のことを墨で書き、近所の家や商店を一軒一軒訪ねては塀や店先にはらせてもらいました。

あの当時もやはり貼り紙くらいでは子どもは集まってはきません。でも、訪ねていったさきのおばさんや商店の何人かの主人と顔見知りになりました。そうした人たちが宣伝してくれたり、遊びに来ていた子の親たちの口コミで、十人近くの子が集まってくれました。

はじめは〝私塾〟で生計がたつなどと思ってもいませんでしたから、ぼくは夕方まで編物機のセールスをやり、妻は、練馬からはかなり離れている向島や浅草まで家庭教師にでかけていました。塾で収入がゼロでも、なんとか最低の生活はできるようにしておいて踏みきったのでした。

教えることも、親たちとのつきあいも二十四歳のぼくにはまったく自信などありません。結局は、その自信のないぼくを引っぱっていってくれたのは子どもたちでしたし、めんどうみてくれたり励ましてくれたりしたのは親たち、地域の大人たちであったわけですが――。

私塾の仲間の人たちとときおり開塾当時のことを語りあうことがあります。そんなとき、みんな「自信なんてなかったね」とお互い笑って言います。「案ずるよりは産むがやすし」のたとえもあります。みんないろいろ苦労はあったにせよ、なんとかやれたのです。おもしろいことに、こうして悩んだ結果、いま私塾をやっている人たちが、どなたも異口同音に「やってよかった」とおっしゃるのですから、あまりとりこし苦労をされる必要はないと思うのです。

とはいっても、やはり、エイッと跳んでステップアウトするときには、だれでもためらいも不安もあるでしょう。そこで、踏みだしをためらわせる要素を考えてみますと、大きく掲げて三つくらいありそうです。

①―生活や経営に対する不安(生徒募集や子どもの集まりぐあいなど)。

②―学力、指導技術、教材などについての自信のなさ。

③―世間体(学校、地域との関係、「塾」ということばに対する抵抗感など)に対するとまどい。

走り高跳びや水泳の高跳びこみでも、跳ぶときには、やはりそれなりの〝覚悟〟というか〝決意〟のようなものが必要になるでしょう。〈ダメだったらどうしよう〉〈自分のような人間にはできないのでは〉と思い悩んでいるうちは、〝覚悟〟も〝決意〟もわいてきません。かといって、〈どうにかなるさ〉〈やっちまえ〉でも心の準備が希薄すぎます。そこでいくつか、踏みきるときの決意についてのアドバイス。

①についての不安ですが、これはもっともな不安であると思います。乱塾時代とよばれて久しい現在、「こんな塾をはじめました」と生徒募集のチラシをまいたところで、まず、ほとんど生徒は集まってこないでしょう。それだけ世の中が「塾の宣伝」に麻痺《まひ》してしまっているということです。なかには過去に悪質な宣伝に乗せられて、にがい体験をした父母も多いことでしょうし、この手の宣伝合戦ではとても大手のチェーン塾や進学教室にはかないません。

そこでアドバイス――。〝地域ミニ塾〟のスタートは自分の足と熱意でいきましょう。近所のお母さんや商店の人、知りあいや親戚《しんせき》、そういう身近な人たち一人ひとりに自分の思いを話して歩くことです。歩くときにはあらかじめ「塾の方針と姿勢」のようなパンフかチラシのようなものを用意しておくとよいでしょう。人にはそれぞれその人のネットワークというものがあります。話した相手がひとりであっても、その人には何人か何十人かのネットワークがあるはずです。ですから、ひとりに「よし、協力してあげよう」という気になってもらえたら、それこそ十人力です。〝ひとり〟はほんとうは〝ひとり〟ではないのです。そう考えながら「協力者」を一人ひとり捜して歩くことが対外的には第一歩です。そうしてスタートしたとき、三人でも五人でも来てくれるようなら、もう半分以上はすべりだし成功と考えてよいでしょう。つけ加えておきますが、スタートから何十人も集めようとか、開塾してすぐにそれで生計をたてようなどと甘い考えでスタートするのは禁物です。

②の指導法や接し方などの自信についてですが、これらはだれでも最初は不安です。しかし、ぼくはその自信のなさこそかえって強い武器になると思っています。というのは、子どもの扱いに慣れ、教える技術や学力にかなり自信をもっていた〝元教師〟などは、「地域ミニ塾」ではあんがい子どもや親の支持を得るのがむずかしい、ということがあります。理由はかんたんです。地域ミニ塾の存在意義は「子や親といっしょに歩く」という姿勢が第一義だからです。たくさんの知識をもっているとか、じょうずに子どもをコントロールする技術があるかないかとかは、じつはどうでもいいことだと思います。子どもにつらいことがあったらいっしょに悩んだり、子どもがうれしいと感ずることを自分も喜んだりする力のほうが、ずっとずっと重要なことだと思うのです。あとは誠意の問題です。そのためには、スタートで子どもとあまり〝距離〟がないほうがかえってうまくいくのです。もし、子どもといっしょにやっていくうえでの必要な〝心と技術〟などがあるとすれば、それらは当の子どもたちから、〝かかわりつつ学ぶ〟ものだと思います。

最後にもう一つ、③の世間体についてですが——。ぼくは、こう考えています。〝塾〟というものを〝学校〟と対比して、一段劣る存在であるとか、本来はあってはならないものであるとか考えているようならば、この道にははいらないほうがいいのではないか、と。つまり、うしろめたさや気恥ずかしさをいだきながら私塾をつづけるということは、そこへ来てくれている子どもや親に対して、たいへんに失礼なことではないか、と思うのです。なにも、学校を敵にまわして、塾を声高に礼讃する必要もありませんが、すくなくとも「民間として生きる者の誇り」くらいはもっていていいと思うのです。どんな子でも自分の存在が意味ある生であり、それぞれそのことに誇りをもって生きてほしい——そう願いつつ私塾をやろうとするならば、やっている当の私塾者自身がスタートから誇りを失っているのでは理屈にあいません。

また、教育(あまり適切なことばではありませんが)で「金をもらう」という点に対する抵抗感についてですが、これも頭のなかで整理しておく必要があります。「教育は無償でなければならない」という考え方は、長いあいだかかってぼくたちの頭のなかに浸みこまされた一つの偏見であると思えるのです。学校の教師は無報酬で生きているわけではありません。学校教育ではひとりの児童や生徒に対する教育には膨大なお金がかかっています。それはほとんどわれわれが支払った税金でまかなわれているのです。しかし、支払っているほうも、それをもらって生活している教師のほうも、間接的にやりとりしているために、その意識が薄くなっているだけのことです。でもこれは、ある意味では、とてもこわいことです。

そこへいくと、私塾は〝直接的〟です。ただ、民間では払うほうももらうほうも、お互い「納得ずく」のフリーな関係としてやりとりが成立しているのです。ちなみにぼくの塾では、銀行振り込みのかたちはとらず、すべて現金で毎月払いの方法をとっています。親と子のほうで納得できないと感じたら、その関係はその時点で切れてしまいます。〝縁の切れ目が金の切れ目〟というわけです。

また、ぼくはこうも考えています。私塾での収入が、一般的に学校の教師のそれと比べて、それより低いか、あるいは同程度なら、けっしてうしろめたさなど感じる必要はない、と。なお、金もうけ本位・利潤追求型の私塾でないのなら、公立学校の校長で退職した人と、同程度の生涯収入であってもいっこうにさしつかえないとも思っています。ちなみに、ぼくの知っている地域ミニ塾の人たちは、ほとんど学校の教師などより低収入で、その暮らしぶりもずっと質素です。ある仲間は、そのことについて「金もうけより生きもうけだよ」と言っていました。

## 力まず、かっこつけず

ビルの一室を借りて高い家賃を払い、机もいすも黒板もそろえて「サア、イラッシャイ」とやったら、生徒が一人も来なかった、というような話をよく聞きます。スタートから姿勢がまちがっているのです。ドカンと投資して、何年で元をとっちゃおうなどと、〝とらぬ狸〟を考えてはいけません。小さく小さく、できるだけ地道に。

地域ミニ塾は〝ひとり〟からスタートです。私塾は〝自分を買ってもらう仕事〟です。一人でも、二人でも来てくれる、そのことに感謝と誠意がもてないのではおさきまっ暗でしょう。「この子が玄関をくぐってきてくれた」「この親が頼りにしてくれている」。そのことに、心の底から〈ありがたい〉と思うことから、私塾ははじまります。形態や経験は小さく、貧しくとも、こうして訪ねてきてくれた〝ひとり〟〝ひとり〟と、誠実に暖かく、だいじにかかわっていこうとする姿勢がすべてです。それだけを忘れなければ、すこしずつでしょうが、かならず輪は広がっていきます。

台所の食卓でも四人の子どもが学べます。広告の裏紙を黒板がわりにしたかたもいました。六畳の畳の部屋にテーブルをおき、四、五人が輪になってもりっぱな〝教室〟です。そのテーブルのまんなかに、子どもたちが道ばたでつんできた草花が生けてある花びんの一つもあれば最高です。一人増えたら、一つ座ぶとんでもいすでも増やせばいいのです。カッコつけてはダメです。なにしろ〝学校〟じゃないのですから。地域ミニ塾のよさは〝アット・ホーム〟にあります。お母さん塾ならエプロンがけのまま、台所と〝教室〟を行ったり来たりしながら、「ちょっとオバサン、大根きざんでくるからネ、やってて」なんて、いいですね。

あんまり力んではいけません。「この子をなんとか、ここまでやらせなくては」などと力まないことです。指導目標とか到達度なんかは学校にまかせておきましょう。そんなものは子ども一人ひとりが自分で決めればいいことです。思いこみや使命感なんかをへたにもっていると、子どもから総スカンを食うハメになります。「こうしてやらなくちゃ」「わたしが救ってやるんだ」なんて頭にあると、子どもはたいへん迷惑します。宿題を出したり、いやがっているのに長時間教えすぎたり、カンニングを叱責《しっせき》したり、親をよびつけて不安をかきたてたり……。こういう一生懸命さは教える側の思いこみすぎや使命感から出てくるのでしょうが、その最大の欠陥は〝子どもへの要求過剰〟〝叱りすぎ〟としてあらわれます。これでは子どもとの距離は縮まりません。

学力をつけたり、やる気を起こさせたりというかんじんなところは、「子ども自身の力」がものをいうのであって、けっしてこちら側の力でなんとかできるものではないのです。ぼくたち私塾者としては、それを「信じる」ことと、じっくりかかわりながら「待ちつづける」ことくらいしかできないのではないでしょうか。
「信じる」「待つ」といっても、〈いつか、きっとやる気をだしてくれる〉という種類の信じ方や待ち方ではなくて、いまあるありのままの子どもの姿を肯定できる、ということのように思うのです。もっとも、これは、なかなか頭で考えるほどにはかんたんなことではありませんが……。こう考えたらどうでしょう。現在、目のまえにいる相手が、そのときどんなに自分から見てまちがいであると思えたり、腹だたしいと感じられたりしても、その評価、見方じたいが誤りであったり、思いちがいであったり、その場かぎりのものであったりするかもしれない、というふうに。人間でも、人との関係でも、〝いま〟は断片にすぎないのですから、いつ、どう変わるかわからないと思っていたほうが、より肯定的に、しかも、気長に相手と接することができるのではないでしょうか。

ドキュメント・地域ミニ塾10

# しんどい話

## 母ひとり、子ひとり

母ひとり、子ひとり。母子家庭のひとり娘が塾に来はじめたのは四年まえ。生活保護を受けながら「ひとり娘の学業が気になって」という母子がいる、と小耳にはさんだ。月謝はいいからいらっしゃい、と声をかけ、それから来るようになった。区の母子寮に住む母娘は六畳一間でひっそりと暮らしていた。

ときどきその母子寮を訪ねては、母親と話しあった。十年近くまえ離婚し、関西のほうから乳のみ児を抱いて上京したのだ——と。母親は話すたびに涙を浮かべていた。夫に浮気され、母娘ともに見捨てられ、途方に暮れての果てだったらしい。

娘の学業は極端におくれていた。五年生のクラスにはいったものの、とてもほかの五年生といっしょに、というわけにはいかない。無学年制をうたっているわが塾では、何年生がどの学年にはいらなければいけないというきまりはない。「もっと低学年からじっくりやりなおしたほうがお子さんもよくわかっていいのでは」と、提案した。

「娘がどうしても恥ずかしいと言っていやがりますので……」というので、そう思うならそれもしかたがないと、五年クラスで教えることにした。ひとりだけ教える内容がちがうので、特別にアシスタントをつけて教えた。五年の内容を教えるときは、ほかの子の半分程度の量に減らし、問題もやさしいものにしぼってやらせるようにした。黒板でみんなに説明するときに、この子はほとんど黒板を見ない。「ちゃんと聞いてないとわからんぞ」というと、プッとふくれる。長いあいだかかって、劣等意識が身につき、聞いてもわからないとあきらめているにちがいない、と思った。

家庭教師のように、アシスタントやぼくがじっくりかかわっているうちに、おくれながらもなんとかわかるようになった。そんなころ、母親から注文がつきはじめた。

「娘だけおくれたところを教わっているようですが、五年の内容をしっかり教えていただけませんか」

どうして五年の内容をぜんぶ指導しないかを説明した。五年の算数は教科書自体が盛りだくさんで、なみの子ではとてもしっかりわかるようにはつくられていないのだ、と。

「でも、ちゃんとできる子もいるでしょう」

たしかにこなしている子もいる。しかし、ぼくのところでは、子どもを苦しめるだけという単元は、こちらが判断してどの子にも教えないでハズしている。なにも、学校にすべて子どもをあわせることはない、と思うからだ。

「でも、それでは成績が……」

学校の成績があがらないのでは、いくら塾の勉強がおもしろくできようが、意味がないという。学校の勉強に子どもをあわせるのではなくて、子どものテンポに勉強をあわせるほうが子どもには元気がでる――。そう、いくら説明しても母親はわかってくれない。それでも、娘は月日がたつにつれてふつうの子と肩をならべて学べるようになった。

中学へ進んで半年ほどたったころ、部活が忙しいので、というので週三回の通塾日のうち二日だけかよってくるようになった。T中のバレー部というのはかなり遅くまで練習があるのだという。

夏休みにはいってまもないころ、母親が訪ねてきた。「せっかく先生のところにお世話になっているのに、これでは……」と言いながら一学期の成績表をさしだした。見ると英語・数学が「3」、国語・社会・音楽が「1」で、あとは全部「2」だった。「これでは都立高校はむりですよね」と、ぼくの顔を見あげる。なにか、こちらがお叱りを受けてる気分になった。ぼくはあわてて視線をかわした。

「先生のところは国語はやっていただけないのですか」。国語が「1」というのが母親にはがまんならないらしい。

中学の学科は九教科。この子にしては英・数ともに「3」とがんばっているのだから、りっぱだと思った。ところが、母親としては「1」や「2」のほうに目がいってしまうらしい。母子家庭で私立高校へはむりということもあり、都立高校でなければ、と考えるので成績を気にする理由もうなずける。しかし、だからといって、全教科「3」程度をこの子に要求しても、それはむりという感じがする。そうは口に出して言えないので、「まだまだ時間がありますから、がんばるだけやってみたらいいじゃないですか」と、なぐさめた。

**娘が荒れる**

中二の後半にはいって、娘は週二回の通塾日にときどき欠席するようになった。母子寮を訪ねた。母親は不在であった。寮長という人は三十まえの若い女の人で、母娘のことをよく知っていた。

「娘さんが、近ごろ荒れてるみたいですよ」

部活のバレー部は一年間だけでやめてしまい、そのかわり学校から帰ると、毎日出かけているという。母子寮の門限は十時。娘はたびたび十時をまわってから帰るという。高校生くらいの男の子といっしょだったり、ツッパリグループらしい女生徒といっしょのこともある、と。「ろうかまで聞こえる声で……」寮に帰ると母と娘が大声でどなりあい、ときには部屋で暴力をふるうことも。寮長や隣室の人がとめにはいった、と寮長はいう。

「わたしは、母子寮は一時の駆けこみ場だと考えているんですよ。一日も早く自立して、都営なり、民間のアパートに移って、自分の力で生きていくようにしなさいって、そう言ってるんです」

寮は二十二世帯が住んでいる。そのなかで、この母娘がいちばんの古株になってしまった。どこでどう稼いだのかわからないが、数百万円の貯蓄があると、寮ではもっぱらの評判だと。

「娘さんにしても、生活保護家庭としてはぜいたくな身なりをしていますしね。ピアノ教室、進学塾と、一般家庭でもなかなかできないことをさせているんですから」

——進学塾？——

ぼくのところは進学塾ではない。それに、月謝はもらっていない。そう言うと、寮長は、けげんな顔でこう言った。

「ええ……先生のことはよく知ってますよ。そうじゃなくて、もうひとつの塾ですよ。Nとかいう、大通りのビルの……進学塾でしょ、あそこ……。でも、ああ……先生のところは月謝タダだったんですかァ……」

N進学塾といえば、このあたりでは高い月謝で、特訓塾として知れわたっている。そのN進学塾とぼくの塾とマタガケしていたとは知らなかった。おまけにピアノ教室まで……。

生活保護を受けているからといって、進学塾へかよわせていけないわけはない。しかし、一方で高い月謝を払って進学塾やピアノ教室にかよわせ、タダならそれも利用してしまえ、というやりかたは……。四年近くも月謝免除でかかわってきたぼくは、いったいだれに対して、なにをしてきたというのだろう。

娘はこの九月からパッタリ塾へ来なくなってしまった。おなじ学校の女生徒にたずねると、

「ああ、アソコは月謝タダだから休んでもどうってことないヨ」といっていたとい

う。

学力不振、登校拒否、母子・父子家庭、貧困家庭——そういった子どもたちの味方を、と全国の私塾によびかけた。しかし——、この道もなかなかきびしい。

## ひとり一塾

塾は〃ひとり一塾〃がいいのです。〃その人らしさ〃がそっくりその私塾の部分、部分に現われます。塾にはマニュアルがありません。おなじ塾は二つとないといっていいと思います。だれかの塾を手本にしてという方法もあまり意味をもつとも思われません。ただ、自分なりのものをつくるにしても、〃他人《ひと》のふり見て我がふり直せ〃ということも、また〃他山の石〃ということもあります。

そこで、俎上《そじょう》にのるつもりで、ぼくの場合をすこし書いてみようと思います。ぼくは、塾のスタートの時点で〃需要応需型〃はとりませんでした。需要応需型とは、親や子どもの要望にそってなんでもやります、というスタイルです。

「うちの子の成績をあげてください」「〇〇高校へいれてください」などという要望に対して、「承知しました」とは一度も言ったことはありません。学校の成績順位をあげたり、受験に合格したりすることを請けおうことは、ぼくにはできなかったからです。

ひとりの生徒が入塾の申し込みにきたとして、親と子ども本人と、どちらを主体に考えるかも私塾の姿勢にかかわる問題です。ぼくの場合は子どもです。親が「入塾させたい」とどんなに望んでいても、本人がその気でない場合はことわります。この姿勢は開塾当時から今日まで変わっていません。

また、「うちの子を叱ってやってください」とか「もっと勉強するように言って……」とかいう親がいますが、そういう要望にも応じたことはありません。塾は親の委託でやるものではない、とぼく自身が考えているからです。

ある進学塾の経営者から「塾は、親の心理をつかむことだよ。親をつかめば子どもは増える」といわれたことがありました。たしかにあたっていると思います。保護者であり、月謝を払い、行かせるかやめさせるかの主導権を握っているのは親ですから。事実、子どもがいくらぼくの塾を気に入ってくれていたとしても、親の一存で他の塾へ移らされることなど日常的です。でも、やっぱりぼくには親の意志のほうを優先するやり方はできません。

塾生が二人になったとします。そのとき、どう対応するかによっても塾風は決まります。成績のよいほうの子、できる子、のみ込みの速い子のほうをだいじにするか、あるいはその逆か。ぼくはあとのほうでした。ゆっくりしか理解できない子には、それなりの時間も必要ですし、手間もかかります。時間も手間もかかるほうに余計かけるのがあたりまえだと考えるからです。学校や家庭で、他の子と比較されて「おまえはできない」といわれている子は傷ついています。そういう子には余計に気をくばり、やさしく対応し、うんとかわいがるように心がけることにしています。

親のない子もそうです。ちゃんと両親そろって、ふつうに暮らしている子と比べれば、父母どちらか死んだり、離別して暮らしたりしている子などはつらい思いをしています。ときには屈折している場合もあります。そんな子にはうんと声もかけ、かわいがりもします。

何人かのなかで、どの生徒かを特別にだいじにしたり、二人のうちどちらか一方に余分に時間をかけたりすることは差別です。えこひいきであり、平等とはいえません。でも、ぼくはきょうまでずっと、この不平等をつづけてきたように思います。それで不満を抱いてやめていった生徒たちもいたかもしれません。それもしかたのないことだと思っています。それがぼくの塾のカラーですから、正しいか正しくないかなど、ぼくにとってはどちらでもいいことです。ただ、ぼくにはそうしかできなかったというだけです。

## まちがうことはいいこと

塾風というのは、その人の好ききらいで決まってしまうようなところがあります。

ぼくの塾は住まいと教室がおなじです。いわゆる職住一体ですが、ぼくはこのスタイルが気に入っています。ある時期、分教室を出し、塾と住まいが別べつになったことがありました。塾のはじまる時間になれば、そこへ出かけて行けばいいのですから、つごうの悪い部分は生徒や親に知られずにすむというメリット(?)もあります。職住一体の生活は忙しいうえに、そっくりまるごと生活をのぞかれてしまうことを覚悟しなければなりません。それでも、ぼくはそのほうが好きだからそうしています。

塾の姿勢は、その家の玄関から教室にいたるまで、ひととおりながめただけでもおよそわかります。ある塾を訪ねたとき、玄関に四ツ切り大の写真のパネルが何枚か飾ってありました。その写真は、塾長が有名人と対談中の写真であり、テレビに出演中の写真でした。また、べつの塾ですが、〝闘魂〟〝成せば成る〟〝〇〇中学突破〟〝入試まであと〇〇日〟などと教室のあちこちに貼り紙がしてありました。

ちなみに、ぼくの塾の教室に掲げてある額は三枚。

〝きたときのわたし、帰るときの私〟

〝まちがうことはいいこと。まちがいはわかるもと〟

〝彼も人間、キミもニンゲン、ぼくもにんげん〟

もっとも、これら〝塾訓〟とでもいうべきことばは、塾生に、というよりも、ぼく自身に言いきかせる部分が大となっていますが。

塾というのは、一つのことば、一つの行為で、その方針や理念が出てしまいます。チラシや案内書になんと書こうと、子も親も、そのへんの姿勢はちゃんと見ぬいてしまいます。ですから、「わが塾はかくかくしかじかのことをやっています」と宣伝しなくても、しぜんにわかってしまうようです。ぼくの塾では「案内書」というものがありません。

さきごろ、朝日新聞の夕刊に、色とりどりのはちまきを締めて勉強している塾風景がのっていました。子どもの学力偏差値によって締めているはちまきを色分けしてあるそうです。子どもや親が、色分けはちまきの塾を選ぶか、「まちがうことはいいこと」と書かれた塾を選ぶか、どちらにしてもそれはまったく自由です。しかし、いずれにしてもそこへ集まる人たちは、その塾のカラーと同色に近い人たちであろうことはたしかです。

私塾はスタートをきった時点から、そのカラーが日一日と色濃く現われていく宿命があります。

## 私塾づくりを、どうすすめるか

塾を開いてまもないかたや、これから私塾をはじめようというかたたちから、悩みや相談を受けることがあります。

私塾は、ひとりで考え、ひとりで試行錯誤を繰りかえしながら自分なりのものを創りあげていくものです。したがって、開塾にあたっての具体的なアドバイスは余計ごとかもしれません。しかし、今日までいろいろ質問を受けてきて、「ああ、このことで迷っているな」というように、わかっていることもありますので、そのいくつかを思いだしながら、項目にわけて書いてみようと思います。ただし、そのアドバイスも、やはりぼく流のもので、自分の好みやカラーが出てしまうことはおことわりしておかねばなりません。

### ●1＝場所

できれば自宅の一部がいいのですが、それが不可能なら、なるべく自宅とあまり離れないほうがよいと思います。近所に塾がたくさんあって、「ここでは、どうも」と尻ごみするかたがいます。でも、この場合、つぎのような条件ならば心配無用です。

①―近所の塾の方針ややり方が、自分のめざすそれと異なると思える場合。

②―かかわろうとする学齢の子どもをもつ家庭の密度が、その地域で濃い場合。

③―知りあいが多く、その地域の教育運動に参加しており、理解しあえる仲間がいる場合。

また、自宅の周囲が海、山、川、田などで子どもたちの通塾に危険であったり、あまりに過疎地であったりする場合などは、近くの安全な場所を借りるとか、自宅とべつの場所との二か所で曜日をわけて行なうとかする方法もあります。

●2＝スタッフ

地域塾は、原則としてひとり一塾。せいぜい夫婦のどちらかが補佐役を勤めるかたちでスタートしたいものです。気心の知れた友だちや仲間と組んで、という方法もなくはありませんが、たいていの場合〝共同〟はさけたほうが賢明です。どんなに仲がよい関係でも人間は一人ひとりちがいますから、こまかい方針や運営の場面でははげしくぶつかりあうことがあります。したがって、だれかに協力してもらうにしても、あくまでオーナー(主宰者)はひとり。責任も最終的には自分ひとりでとる考えでなければなりません。これは、夫婦といえども同様です。

●3＝設備

この章のはじめでもふれましたが、当初からばっちり準備してかかることはありません。はじめは、日本間なら適当なテーブルがいくつかあればよいでしょうし、洋間ならテーブルと何脚かのいす(丸いす、折りたたみいす)があれば十分です。もし、黒板(または白板)が必要なら、事務機具専門のメーカーや店で購入できます。

注意したいのは、照明と音響です。とくに、音響については十分の配慮をしたいものです。長時間話しあったり、作業や勉強をしたりする場合、外からの騒音がはげしくはいってくることは防がねばなりません。また、学校の教室や病院のように、周囲が音の反射しやすい板やコンクリートなどの壁、天井、それにガラス窓などは困ります。声が反響して三十分もすわって聞いていると頭がガンガンするような教室は、私塾や学校でもずいぶんありますが、これでは落ちついて話しあったり勉強したりなどできません。窓に中・厚手のカーテンをひくとか、天井を吸音ボードに取りかえるとか、壁にクロスをはるとか、床にジュータンを敷くなどして、音が吸収されやすいように工夫してください。

照明は暗いものはいけません。できるだけ明るく、しかも、ノートや黒板が光で反射しないように設置します。原則として、子どもがノートを開いたとき、光線が左斜め前方からくるようにします。また、黒板や白板が反射しないためには、黒板(白板)を直接照らす、カバーつきの蛍光灯などが有効です。

私塾をするための設備には、そのほか、コピー、輪転機、ファックスなどがありますが、開塾と同時にそろえる必要はありません。手書きの教材をつくって、近所の店でコピーをとってもいいですし、ガリ版と謄写版だけでも十分です。黒板とチョークを使用する場合には、吸塵《きゅうじん》式の黒板消し掃除器が一つほしいところです。

## ●4＝時間割とクラス

これは、その塾によっていろいろですし、規模によっても一様に決められませんのでむずかしいところです。ただ、個人指導や複式授業の形態をとろうとする場合には、子どもたちの学校や家庭での生活のつごうになるべくあわせてあげたほうが親切でしょう。一般の塾では、学年別(ときには進度・能力別など)に時間割を組んでいるようですが、この場合でも学年や学校の授業のつごう、課外クラブ活動の有無などによっても配慮しながら決める必要があります。

一回の学習時間ですが、これも一律に決めるわけにはいきません。子どもたちが満足できて、しかも、「もうウンザリ」ということがないように、となると、なかなかむずかしいものです。第一、たとえ三十分の授業でも教える側の技量や人柄によってはあきられることもあるでしょうし、百分ぶっとおしでも「もう終わったの」といわれることもあるのですから。ただ一般的には、つぎの程度の時間で子どもたちが満足してくれれば、私塾者としてはまずまずでしょう。

**小三まで………三十分―五十分**
**小四―小六………六十分―八十分**
**中一―中三………八十分―百二十分**
（ただし、百分以上にわたる場合は途中、十分程度の休憩が必要）

## ●5＝月謝、その他

これもむずかしい問題です。なぜなら、世間ではまったくのボランティア（無料）から週三回で五万円以上というところもあるのですから。また、教育の成果をなんとみるか、ということも問題になりますし、さらに、その成果に対して、代償として金銭でいくらが妥当かなどと考えると、問題だらけです。

むずかしい問題はまだまだあります。払う父母側のつごうを中心に考えるか、それとも塾を営む側を中心に考えるかで大きく変わります。塾によっては、月謝半年分の前納とか、教材費と称して法外な金銭をさき取りするところがありますが、地域ミニ塾ではつつしみたいものです。また、地域ミニ塾でも、集まる生徒が少ないため、「小人数制」などとうたい、一人分の月謝が高額に示されていることもあります。これなどは、自分の側のつごうを優先しているだけで、人数が少なければ指導が行きとどく、などとはいいきれません。子どもの側からいわせれば、五人で勉強を教えてもらっても、おもしろくなければ千円でも高いことになりますし、楽しくて、充実した授業なら、一万円でも安い、ということになります。

ただ、ぼくたち地域ミニ塾が心しなければならないことは、各家庭にとってあまり負担に感じられず、気持ちよく納得して払っていただける程度、と考えたらいいと思います。ちなみに、去年、親しい仲間の何人かで計算しあったところによりますと、平均が「ひとり一分十円」くらいということがわかりました。これは、一クラスが何人とかいうのではなく、払う立場、授業を受ける側(子ども・親の側)からの計算です。

ただ、仲間のほとんどは、やはり親の負担を考えて、兄弟姉妹割り引き、母子・父子家庭割り引きなどの配慮をしています。なかには(ぼくのところもそうですが)登校拒否の子や、学力がおくれて、規定より多く授業に出席したいという子の場合などには、そのぶん負担が増えないように、〝無学年制割り引き〟〝登校拒否割り引き〟〝遠隔地通塾割り引き〟などの名目で割り引きをしている人もいます。

要は、通いたいが、お金が出せなくて、という人たちがないように、という配慮が必要ということです。

私塾をスタートするときに、これだけは、という部分についてぼくなりの考えを述べました。しかし、じっさいの運営や指導、子どもや親たちとのかかわりの場面では、またそれぞれに悩みや迷いがでてきます。指導法ひとつとってみても、イロハ(初歩)から応用(難問)まで、私塾の日々は開設と同時に毎日〝解答のない答案用紙〟と向きあっているようなものです。毎日、〝新しいドラマ〟が起こると思っていてよいと思います。

したがって、タテマエやいままで自分の頭のなかで考えていた常識や概念は、ほとんど通用しません。子どもにしても、親にしてもどんどんホンネでぶつかってきます。強制も効きません。いやになったらいつでも切られてしまう関係ですから。そういう関係のなかで、試行錯誤の毎日からひとつひとつ学ばせてもらうわけです。こんなにおもしろく、興奮する仕事は、現代の世の中ではめったに見あたりません。なんの組織にも属さず、立場の上下関係で不当な思いに苦しむことがないかわりに、いつでも、地域のなかで自己をさらして生きなければなりません。考えてみたら、とてもこわいことです。人びとのなかで自分を、ホンネのところで問いつつ生きる生き方ですから。

開塾して何年かたてば、それなりにかっこうがついてきます。生徒もそこそこに集まり、生活もなんとか、という状態になるでしょう。しかし、問題はそのころからです。さきにも述べたように、私塾にはひとつひとつカラーというか〝塾風〟のようなものがあります。それがしだいに固まってくるのがこのころです。いろんなドラマの起こるなかで、その場面その場面でひとつひとつ出してきた解答の採点結果がすこしずつ現われでてくるわけです。自分の人間性やカラーが塾生をつうじて、あるいは教室のなかで色彩を放ちはじめます。

子ども・親と私塾者とはフリーな関係です。ですから、離合集散しているうちに、だんだん私塾者のカラーや思想と似かよった人たちの集団ができてきます。利害にさとい人ならそういう人たちが、知識優先の人ならそのような人がそこに集まり、あるいはまた、人情もろい私塾者ならば人情に厚い人びとの輪がそこにできてくるのです。〝ひとり一塾〟といったのは、そういう意味です。

自分がどういう人間なのか、本人の判断だけで「自分は○○らしい」と思いながら生きていて、ほんとうのところは自分自身を客観的にみようとしないで生きている人たちが多いのが現代です。そういう意味では、私塾は自己発見に適した仕事といえるかもしれません。

## ドキュメント・地域ミニ塾11

# 向かいあう母と娘

公衆電話からだった。

「夜分に申しわけありません。……もう……どうしたらいいか……」

ただごとでないようすだった。電話の向こうで泣いていることがわかった。

「もし、よろしかったら、これからおうかがいしてもいいですよ」

受話器から聞こえる声は、夜ふけて心細い母親の心情を物語るように、細く低く、途切れとぎれであった。——北川久子ちゃん——。久ちゃんは母ひとり子ひとりの母子家庭の子。電話は久ちゃんの母親からであった。

一年半ほどまえ、おなじような電話で一度、久子ちゃんの住むアパートを訪ねたことがあった。あのときは昼間だった。六畳一間の小さな部屋。そのまんなかに小さな卓袱台《ちゃぶだい》がポツンと置いてあり、それをはさんでお母さんとぼくは話しあった。久ちゃんは部屋の片隅に小さくなってすわっていた。麦茶が出されていたから、そう、あれは夏休みの終わるころだった。

「どうやって……これから、この子を育てていったらいいのか……もう、わたしには……」

そのとき、小学校四年生だった久ちゃんが窃盗の罪で補導され、お母さんが呼びだされたと聞いて、正直いって信じられなかった。けっして口数は多くないが、それでもいつも明るくて賢い久ちゃんだったから、「そんなバカな」と思った。しかし、久ちゃんの盗みは事実であることがお母さんの話でだんだんわかったのだった。

アパートの近くに小さな公園がある。その公園のわきに駐車していた車からドアにかぎのかかっていない車を選び、なかから数万円の現金をもち去ろうとして捕まった。お母さんが少年課の係官から言われたことは「盗癖がつかんうちに直したほうがいい。この子は今回がはじめてじゃないらしいですからね」ということばだった。

立っていられないほどのショックだった、とあのとき、お母さんは絞りだすような声でいった。

「こんなことにならなければいいが、とまえまえから心配していたんです」

お母さんはタオルで目と鼻を強くこすると、気を取りなおすようにして、まえまえからの心配について話してくれたのだった。

アパートの近くにあまり大規模とはいえないスーパーがある。このスーパーは、久ちゃんのお母さんの姉、つまり、久ちゃんにとっては伯母さんだが、その伯母夫婦が経営している。久ちゃんが三歳のとき、母子はこの伯母夫婦を頼って茨城から上京。お母さんはこのスーパーで働くことになる。午前九時から夜七時ごろまで働き、あとかたづけをして帰ると八時をまわる。休日は水曜日だけ。したがって、水曜日以外は久ちゃんが学校から帰ってもアパートにはお母さんはいない。久ちゃんはスーパーで母親や伯母さんのまわりでなんとなく過ごしたり、ときにはお手伝いをしたりすることもあった。

久ちゃんが小学校三年生のとき、つまり、そのときから一年ほどまえ、レジのお金がときどきたりなくなった。はじめのうちは小額であったのが、ときに五千円から二万円くらいたりなくなっていることがあった。お母さんと伯母さんはそれが久ちゃんのしわざではないかと心配していた。

「店に来させないようにしてみるわ」とお母さんは伯母さんにいい、久ちゃんは母親からスーパーへの立ち入り禁止を申しわたされた。それを境にレジのお金の不足はなくなり、やっぱりと母親はショックを受けた。お母さんは久ちゃんをきびしく問いつめて、叱った。

「それで、あんな大金をなにに使ったの」

しかし、久ちゃんはどんなに問いつめられてもお金の使いみちを母親にいわなかった。それ以上どうすることもできず、お母さんは「ひとのものを盗るのはいけないことなのよ」といい、以後は気をつけて久ちゃんの目にふれるところにお金を置かないようにした。

一年あまり、お母さんの心配は忘れられていたわけだが、とうとう一年たって、警察ざたになるような事件に発展してしまったのだった。

**友だちがほしい一心から**

一年半まえの夏の暑い日、ぼくはアパートにかけつけ、お母さんからその日までの久ちゃんのいきさつを聞きながら、ふと頭に浮かんだことがあった。それは塾のおなじクラスのKちゃんという子から聞いていた話であった。Kちゃんや久ちゃんたちが数人で女の子ばかり三十分ほど遅刻してきたことがあった。Kちゃんは久ちゃんに誘われて豊島園に行っていたんだといった。「久ちゃんがみんなオゴってくれたよ」という。豊島園は塾から二、三キロメートルほど離れたところにある東京でも指折りの大遊園地。入園料から乗りものの料金をあわせるとかなりの金額になる。

「久ちゃんは友だちにきまえよくお金を使っていたのではないかなあ」

あのとき、ぼくはお母さんに話した。

「久ちゃんは友だちがほしかったんでしょ。そうだよね、久ちゃん」

部屋の隅でうつむいていた久ちゃんに話しかけると、久ちゃんは急に大声をあげて泣いた。

伯母さんのスーパーのレジからお金をもち出したのも、公園の車からお金をぬすもうとしたのもそのためだった。友だちを誘っては豊島園へ行ったり、友だちのほしそうなものを買っておごったり、ときには千円、二千円と現金をバラまいたりしたのも、友だちといっしょに過ごしたい一心からだった。

「もう……わたし……しない……」

大声でしゃくりあげながら、のどの奥からはき出すように久ちゃんはいった。ぼくはあのとき、とっても久ちゃんがいじらしくて、そばに近づいてポンポンと肩をたたきつづけた。お母さんはそれをながめて、またタオルを顔にあてて泣いた。

「お母さん、久ちゃんは悪い子じゃありません。とってもいい子ですよ」

といって、一年半まえのあの日、ぼくは帰ったのだった。

その後、お母さんからときどき電話があった。久ちゃんは明るくなったし、家の手伝いもよくすると喜んでの電話であった。また、お母さんの話から、とてもすばらしいニュースもはいってきた。

それは、伯母さんの提案で久ちゃんが再びスーパーの手伝いをすることになったというのだった。伯母さんは、「いまのように店に立ち入り禁止のままでは、また盗みをするかもしれないという目で大人に見られていると久ちゃんが感じるだろうから、それではせっかくたち直ろうとしている子どもの心を傷つける。まわりの大人が久ちゃんを信じてやらなくては――」といったのだそうだ。伯母さんとお母さんの相談の結果、久ちゃんにスーパーでアルバイトさせることに決まった。久ちゃんの時給は二百円。手伝いたいときにいつでも来ていいことになった。久ちゃんはまえまえから自転車をほしがっていた。伯母さんのスーパーで手伝って、その資金をためるんだと久ちゃんははりきっているという。

ぼくはこの話を聞いて胸が一杯になった。――子どもをりっぱに育てるとはこういうことなんだな――と。お母さんもお母さんだが、伯母さんもすばらしい。これなら久ちゃんもりっぱに育っていくだろう。

それからというもの、ますますぼくは久ちゃんが好きになってしまった。教室での久ちゃんは以前にもまして目を輝かせて学習にとり組んだ。去年の春の連休には山梨の大月へ東進会(わが地域ミニ塾の名称)一族、母子家庭の子どもたちなど総勢三十余人でタケノコ掘りにでかけた。もちろん久ちゃんもいっしょだった。久ちゃんも大喜びで、ぼくもつい自分の親類の娘のような気がしたものだった。

## 獣のように荒れる

「いままでも、ときどきこんなことがなかったわけではは……。でも……今夜は手がつけられないほど荒れて……」

頭からすっぽりふとんをかぶって寝ている久ちゃんのほうをちらっと見て、お母さんは小さい声で言った。

発端は自転車のことだった。三万九千八百円。それが久ちゃんがほしいと思っていた自転車だった。お正月のお年玉、それにスーパーを手伝ってもらったお金、それらを合わせてもう三万円近く貯金がたまっている。もうあと少しで中学生になる。自転車を買うと久ちゃんはいった。お母さんからすると、これからからだは大きくなるし、もう少し待って大きめの自転車を買うほうがさきざき長く乗れると思った。それにまだ目標の自転車を買う金額に到達していない。どうしてもいま乗りたいのなら、知りあいの人から中古車をわけてもらう手がある。また、新車でなければいやというなら、もっと安い品物でがまんする方法もある。お母さんはそう助言した。

最近、久ちゃんはときどきヒステリックになり、乱暴なことばで反抗するようにはなっていたが、お母さんは反抗期だからと見守っていた。今回はひどかった。

「待て待てって、いつも待たせるじゃねえかよオ！　ふざけるんじゃねえヨ！　一万円ぽっちの金を出さねえで、それでも親かよオ！」

六年生の女の子とも思えぬ暴言だった。机の上のものは全部畳にたたき落とす。卓袱台は足でけってひっくりかえす。せまい六畳間は足の踏み場もなくなり、久ちゃんはそのなかを獣のようにドスドス歩きまわった。お母さんもわがままをとおさせてはと、そんな久ちゃんを叱りつけ平手でぶった。目をむいた久ちゃんはその母親の手に思いきりガブリとかみついた。

「おめえなんか、だいっ嫌いだ！　出て行け！　出て行かねえんなら、こっちが出ていってやる。アパートの家賃出せヨ！」

ますます荒れははげしくなり、それにつれて久ちゃんの口から出てくることばも狂乱した。

「オヤジのことだって、ウソついてんだろ。子どもだと思ってばかにするんじゃねえヨ！」

お母さんは別かれた夫、久ちゃんの父親のことについてときおり久ちゃんに話していた。そして、久ちゃんが会いたければいつでも会わせてあげるといってきた。きょうまで久ちゃんは父親に会いたいとは一度もいわなかった。それが——。

「今夜だけは……。いままでわたしが言ってきたことはみんなウソだろうって」

会ってみればそのウソはバレるんだ、とスゴんだ。

「もうすぐお彼岸ですし、父や母の墓参りもありますから、あさってあたりこの子を連れて茨城に行ってこようと思うんです。茨城には別れた主人がいますから……」

そういってお母さんは久ちゃんのふとんへ目をやった。海老のように体を曲げて向こうむきに寝ている久ちゃんの背中が小刻みに震えているのが、ふとんのうえからわかった。ぼくは茨城まで車で同行させてくれと頼んだ。帰りぎわ、久ちゃんのかぶっているふとんをたたいて話しかけた。

「久ちゃん、お母さんを困らせるなヨ。お母さんだって一生懸命生きてるんだからね。久ちゃんもお母さんのことわかってあげなくちゃ……ね」

ぼくはお母さんが強くこばむのもかまわず、自転車のカンパのつもりで久ちゃんの枕元に一万円札を置いてそとに出た。


記録的に雪が多く、すこしも春らしくない日がつづいていたのに、その日はなぜかポカポカとまさに春の陽気だった。三月十六日、土曜日の午後。ぼくは久ちゃんとお母さんを乗せて成田へ向かう道路を走っていた。どうしても、と久ちゃんは後部座席にひとりだけですわった。目的地は茨城県麻生町。霞が浦の北東の湖岸の町だ。

「麻生はわたしの生まれたところではないです。常生寺というお寺なんですが、両親の墓がそこに……」

成田から国道五十一号線にはいり、佐原の水郷大橋を渡ると横利根川に沿う。釣り人が舟をならべて、ひさしぶりの春の日を浴びていた。

「主人も釣りが好きで……」

助手席のお母さんが車窓の釣り人をながめていう。大工のせがれであったという。見合いで結婚した相手は親元から分家するとまもなく働かなくなり、酒と釣りに明け暮れるようになった。久ちゃんが生まれてからは妻をなぐる蹴るの乱暴。親戚の助言もあって思いきって離婚。その後、再婚したが、久ちゃんが新しい父親となじめず、再び離婚。

「この子のためにと思って歩いてきた人生が、いまになってみれば、かえってこの子を苦しめる結果になったんですね」

お母さんはチラッと後部座席の久ちゃんに目をやった。バックミラーのなかで久ちゃんは顔を手でおおっていた。

潮来十二橋に近い手堀橋を渡ると、そこが麻生町。本道から脇道にはいり、昔の街道だったらしい街なみをすぎると、常生寺があった。彼岸の中日に三日まえとあって墓参りの人もまばら。三人は北川家累代の墓に手をあわせ、境内へ立った。久ちゃんのお母さんはその昔、いまはなき両親に手を引かれ、この境内を歩いたにちがいない。大きな銀杏《いちょう》の木、田舎にしてはりっぱすぎるほどの本堂の光る屋根。

「先生、ちょっと湖岸まで連れていっていただけませんか」

細い古い街道を抜けると一気に視界が開けた。遠浅の湖水には木の桟橋が突きでている。対岸から左手にかけて春霞のかかったなだらかな陸地がぼんやり見える。お母さんは桟橋のたもとまで進むととまった。足元にはまこもがすこし青づいて、ひたひたと寄せる波に揺れていた。

母親とぼくとの中間にたたずんでいた少女は、急に湖に向かって歩きだした。母親のかたわらに立つと、少女は白いものを母にわたしたようだった。母親はそれで目頭を押さえて少女に返すと、その手を少女の肩にやった。母が対岸を指さしている。右手に沈みかかる夕日を受けて、二人の女は絵となった。

「ちょうどこの対岸です。美浦村っていうところでわたし生まれたんです。別れた主人はこの麻生町にいまでもいます。やっぱり二度目の奥さんとうまくいかなくて……父親と二人暮らしだと聞いています」

母は娘に向かって言った。

「じゃ、いこうか。久子のお父さんに会いに」

娘は下を向き、足元の小石を水辺へポーンとけった。

「……もう……いいの。わたし、会いたくないから」

春の夕日は霞が浦のなかで久ちゃんのほおを照らしていた。金色に輝くほおであった。

# V 私塾だからできる

## 私塾の教え方

私塾にもいろいろあります。勉強よりむしろ遊びや生活を主眼においている塾、勉強といっても学校のそれとはまったく異なる勉強だけをする塾、自習と質問を中心とした塾、自分の進度に合わせてマイペースでプリントなどの教材を使う塾など、いろいろです。

形態はさまざまではあっても、私塾のなかで営まれる子どもと私塾者とのかかわりのなかには、それぞれに、その〝心〟と〝技術〟のようなものがあるのではないでしょうか。〝心〟とは、いわばその主宰する人の思想や姿勢のようなものといえるでしょうし、〝技術〟とは、その〝心〟が具現化されたひとつひとつの行為であるといえます。したがって、ひとつのことを教えるにしても、その〝教え方〟という技術は、基底にある〝心〟のありようによって、どのようにも変わってきます。

――ついてくる子はついてこい。わからないのはその子の責任――と考えていれば、当然スピードも速く、内容も、あるレベル以上の子でなければ理解できないような教え方になるでしょう。逆に、楽しく、おもしろく、だれにでもわかる教え方をしようとするには、能力や進度に関係なく、どの子にも学習を楽しむ権利がある、という思想が裏うちされているということになるでしょう。

教材を選ぶにしても、その教材をどう使うかにしても、そのことはいえます。テスト一枚つくるにしても、不親切な問題をつくるか親切な問題をつくるかは、基底となる〝心〟がどうなのかによって異なります。教え方、子どもへの対応などのひとつひとつは、結局、子どもや学習をどうとらえるかの思想とキッチリ因果関係でつながっているということです。

この章では、ぼくなりに考えつづけ、やりつづけてきた「学習指導のノウハウ」、つまり〝技術〟を中心に述べてみたいと思います。そして、それに加えて、どうしてそうするようになったのかについても、すこしだけふれてみようと思います。

こう〝まえおき〟しますと、なにやら自信がありそうに受けとられそうですが、そうではありません。今日までのいろいろな試行錯誤の結果、現在のようなかたちになってはいるものの、これが完璧《かんぺき》とも最良とも思っているわけではありません。

どうぞ、私塾のかたなら、ご自分のそれと比べてみて、〈おかしい〉〈ちがう〉と思われるところがありましたら教えてください。また、父母のかたなら、お子さんのかよう学校の先生の場合と比べて、批判・感想・意見など聞かせていただければさいわいです。

## ●1＝たとえば、〝指名〟について

ぼくの塾の場合、一つの教室は十五人―二十五人くらいがふつうです。ときには、まんなかの境戸を取りはらって、二教室を一部屋にし、三、四十人を一度に指導することもありますが。

まず、指名についてですが、ぼくは原則的には、指名の第一回目に神経を集中し、一人残らず指名することにしています。例外についてはあとで述べますが、どの子にも、まず、一回はあたるように心がけます。かりに二十人いたとして、十八人までは指名されたけど、二人だけは指名されずに授業が終わった、とします。そのとき、その二人の子はどう感じるでしょう。また、一人の子が何回もあたって、何人かが一度もあてられなかったとしたら……。二十人なり三十人なりを一度もダブらないで、一回ずつまんべんなく指名するには、頭で考えるよりもよほどの神経を使いますし、それなりの技術も必要です。というのは、機械的にあてていくわけではないからです。

生徒たちが言うには、学校での指名で多いパターンは、「できる子への集中指名」だそうです。ほとんどの子は傍観者か聴視者というかたちです。つぎに多いのが機械的指名。つまり出席簿順とか机の席順にあてるやり方です。こんなのがあると聞きました。その授業日が十二日だったとします。「きょうは十二日だから、二の番号でいこう」というわけで、クラス名簿の二番、十二番、二十二番……というように指名するのだそうです。こうした機械的指名は一見、不公平がなく、だれにあたるかわからないというアトランダムなところもあり、平等でよさそうです。

でも、ぼくはこのやり方は好きになれません。〝心〟がないと思うからです。かりに二十人としても、その二十人は進度も性質もその日の調子もそれぞれちがいます。教科によっても得手・不得手は異なります。自信を失っている子、失敗をおそれる子、遅れている子、やる気を失っている子などがいます。かと思えば、「オレはできる」と自信過剰になっている子、遅れている子をばかにする子、学習をナメている子もいます。さらに、塾では古くから在籍していて、すっかり親子か親戚のように親しい意識になっている子もいれば、きのう、きょう入塾したばかりで緊張している子もいます。

それぞれがちがう、ということは、それぞれにいちばん有効なあて方をしなければならないと思うのです。〝有効〟と言いましたが、それは言いかえると、その子がけっして傷つかず、「ああ、よかった」とうれしい気分になってくれる方法のことです。自信を失っている子なら、自信回復に役だつ指名、やる気を失っている子なら、やる気がわくようなあて方です。

たとえば、「これ、わかるかな」と問いかけます。そのとき、自信をもっている子は手をあげますが、自信を失っている子や引っこみ思案の子は手をあげません。しかし、手をあげない子でも「こうじゃないかな」と考えている子もいますし、頭のなかではわかっている子もいます。それらは、手を〝あげている〟〝あげていない〟という物理的な現象では判断できません。その子の〝眼〟と〝雰囲気〟から直観的に察知しなければなりません。もちろんそれには、それまでのかかわりのなかでその子の性格やくせなども心得ておくことも必要になりますが。ぼくは〈わかった!〉という眼をしたとき、たとえ手をあげていなくてもその子を指名します。自信を失っている子なら、こうして答えられたら〈ヤッター!〉と思うでしょう。

算数や数学などではノートにその子の解答が書かれていることがあります。そんなとき、まちがいをおそれる子には、事前にノートをのぞいておき、正解になっている問題についてだけ指名します。遅れている子にはやさしい問題を、自信過剰な子にはまちがいそうな質問を、新入生で緊張している子にはかならず答えられるような問いを、そして、勉強をナメている子には横を向いて聞いていない瞬間に、……というように。さりげなく授業を進めながら、その子その子に有効なあて方をしなければなりません。それも、一回もダブらず、あたらない子がないように、しかも、機械的でなくアトランダムに。

そこまで気をつかわなくても……という意見もあるかもしれません。ぼく自身、そう思うこともあり、事実、メチャクチャな当て方をして失敗することもたびたびあります。しかし、そうして失敗したり、子どもが元気になってくれたりと、いろいろやっているうちに、〝指名〟ひとつでもぼく自身の勉強になっていきます。あるとき、どんなやさしい質問をしても答えられない子が入塾してきました。何回指名しても黙ったまま。ぼくは何回も根気よく指名し、長い時間、その子のために待ちました。あとでわかったことですが、それは、ぼくの親切のおし売りで、かえって、その子を追いつめていたことに気がつきました。また、こんなこともありました。まんべんなく指名はしたものの、まちがった答えを言ってクラスの連中に笑われた子をそのままにしていたら、それっきりその子は塾をやめてしまった――そういう経験もあります。

例外もある、と書いたのはそういうことで、いつもワンパターンでいいというわけではありません。指名されることを極度にきらう子や、失語気味の子などには、指名されることを苦痛に感じている子もいます。そういう子には指名をはずすか、指しても「わかってるんだね。いいんだよ、それで」などと、サラッとやりすごしてあげるほうがほんとうの親切だと気づきました。追いつめない、ということでしょうか。傷つきやすい子には、恥をかいた気分やまちがった返答をしたままでけっして塾から帰してはいけないことも学びました。名誉挽回《ばんかい》のチャンスを与えて、安心して教室をあとにできるように心がけねばなりません。

もう一つ、ついでにつけ加えますと、ぼくは十年ほどまえから人さし指で生徒をさすことをしなくなってしまいました。「指でさされるとドキンとする」とおとなしい生徒から言われたことがきっかけでした。悪いことをしているときにやられるのならともかく、あてられるときに指でさされると、とがめられている気持ちになるのでしょう。以来、ぼくは生徒を指名するときは右手の五本の指をそろえ、てのひらがうえになるようにして差しだすことにしています。〝どうぞ〟のスタイルです。

こうしたことも、子どもに言われて自分の失敗に気づかされた結果です。

●2＝スキンシップをたいせつに

ぼくの塾の場合、どの子の机の横にも後ろにも、ぼくが立てるように机を配置してあります。子どもたちが各自プリントやノートで学習しているとき、それらを見たり、手をとって教えてあげたりするには、どうしても一人ひとりのすぐそばまで近づく必要があります。

ノートのとり方、プリントの進みぐあい、計算の正誤などを一人ひとり見てまわるのですが、ちょうどいいチャンスですから、なんでもひとこと声をかけるように心がけています。

「ヤッタネ、ムー、よく解けたなァ。こいつはちょっと高級な問題だぜ」

「惜しいなァ、ココだよ。ちょっとドジッタネ」

よくできていたり、がんばっていたりするときには頭や肩や背中をポーンとたたいたり、手を出して握手をしたりして喜びあうこともあります。まちがっていても、進みぐあいがゆっくりでもあまり叱りません。

「ゆっくりでいいからがんばってごらん」

「きょうはちょっと調子が出ないか。ま、そんなときもあるサ。気楽にやろうぜ」

などと、励ましたり、慰めたりするほうが元気がでますから。こんなとき注意することは、〝教えすぎない〟ことです。やり方・考え方が理解できていなくてストップしていたり、あまりまちがいが多かったりする場合には、後ろにまわって教えることも必要ですが、できるだけ自分の力でやらせ、アドバイスや励ましのことばでリードするようにすることです。そうして、ゆっくりでも自分でやれたときには背中をドンとたたいて離れればいいのです。ずっとつきっきりで見ているより、自分ひとりで考え、やりなおす時間と余裕を与え、また、一周したあとで見てあげるようにします。そのほうが、子どもにもプレッシャーがかからず、マイペースでやれます。つぎにまわって見て、できていれば、そこで、その成果と努力を認めてあげればいいわけです。

また、机のあいだをあちこち歩いているうちに、子どもたちが騒がしくなったり、ダラケたりすることがあります。そんなときでも、話しあっている内容が学習中のことだったり、教えあったり見せあったりしてワイワイやっているのならべつに注意はしません。せいぜい「もうちょっと静かにやってくれよ。ほかの連中に迷惑のかからんようにしろよ」とたしなめる程度です。

でも、つっつきあったり、フザケたりしているときはちがいます。注意をしますし、何度か言っても改まらない場合は首根っ子を腕で抱えてゲンコツでゴツンとやることもあります。でも、興奮して怒るのではなく、なかばスキンシップの感じです。やったあと、子ども自身が笑っているようでなければスキンシップとはいえないでしょう。

もっとも、このスキンシップも意識してやるようですとイヤミですし、子どもによっては頭や背中を軽くたたかれるだけでもいやがる子もいますから、注意ぶかく見きわめる必要があります。要は、相手が快いと感じているかどうかを見ぬくことですが、それも、子どもとの人間関係がどこまでつくられているかが基盤となることはいうまでもありません。

### ●3＝テストと評価について

ある単元内容をどれくらい理解したか、マスターできているかを、子どもと教える側で認識しあい、つぎの指導のヒント、参考にする、というのがテストの意味でしょう。

地域ミニ塾では、子どもをランクづけたり、順位を決めたりする必要がありませんから、テストのやり方・つくり方、その評価なども、学校や進学塾などとは異なったものになります。テスト問題をつくる場合でも、かかわる子どもたちのおよその学力を知っていて、どの子も最終的には満点とか合格とかにすることも可能です。

また、子どもたちが、それぞれ自分のペーパーに向かってやっているとき、一人ひとりのそばまで行って、ミスを指摘してやったり、ヒントを与えてあげたりすることも必要です。一枚のペーパーをまえにして、一時間中まったく手がつかず、あとで採点してみたら0点だった、というのでは、あまりにも子どもがかわいそうです。これでは先生失格です。教え手としては、黒板のまえに立っているときより時間的に余裕があるはずですから、おくれ気味の子や理解しそこなっている子に寄りそって教えてあげたり、つまずきを発見して立ちなおらせるにはかっこうの機会となります。

それでは評価にならないではないか、と思われるでしょうが、そんなことはありません。子どもたち一人ひとりを見まわっているだけで、その子の評価は十分にできます。もっとも、「クラスのなかで何番」とか、「偏差値はいくら」とかいう評価はできませんが、それは、子どもに元気をださせるには必要ない評価ですからかまいません。それどころか、ぼくのところでは、たまにやるこうしたテストでは、となりあった子どもどうしで教えあったり、ときには出張してべつの子の答案をのぞき歩いたりする子さえいます。テストだって、学習の一部と考えれば、それでもいっこうに困ることなんかありません。新しくはいってきた子などで、ひとに見せまいとして、手や下敷きなどで囲いをつくってガードしながらやる子がいますが、ぼくの塾のやり方を知っている子たちからは、かえってひんしゅくを買ったりします。

また、手作業が速く、計算など早目に終わってしまった子たちの場合、そういう子が何人か集まって〝多数決会議〟なるものをはじめることがあります。おなじ答えが多いほうを、自分たちでかってに〝正解〟と決めてしまうため、この名ができあがりました。なお、こうして会議を終えた連中が、教室に散って、ゆっくりやっている子のアドバイザーやぼくのアシスタントの役目をはたしてくれることもあります。

自分だけわかってできればそれでいい、というタイプは、ぼく自身あまり好きではありませんし、子どもたちにしても、みんなが合格して「ヤッターア」と喜びあうほうが気持ちがいいはずです。

ちなみに、小学生などの生徒には、合格と評価された子どもたちに、東進会独自の手書き「合格ブタ」「丸東(マルトン)マーク」「ヤッターマン」などを進呈していますが、これがなかなか好評なのです。

合格マン

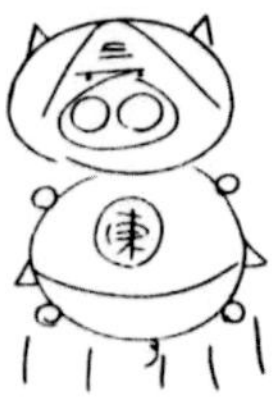
合格ブタ（丸東マーク）

合格ライダー

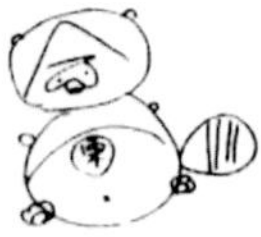
合格タヌキ

結局、私塾でのテストや評価は、子どもたち一人ひとりに成就や理解の喜びを得させたり、子どもどうしのコミュニケーションを助長したりするのに役だつことになれば、それでいいのではないでしょうか。

## わかって、楽しい教え方

### ●1＝なぜわからないのかがわかっていない

子どもが「わからない」と言ったとき、「よく聞かないからよ」「頭が悪いわね」と言ったりする親がいます。先生にしてもそうです。「これだけ何回も言っているのに」とか「もっとよく考えろ」とか言ったりします。こうしたことばは、親にしても先生にしても、〝子どものほうに責任がある〟という前提で言っていることばです。たしかに、そういう場合もなきにしもあらずです。

でも、ぼくは、わからない理由の大半は〝教える側〟の責任だ、と考えています。まず、〝わからない〟ということを考えるとき、〝なぜ、わからないか〟という問題があります。この〝なぜ、わからないか〟を研究することに、ほとんど教える側の人間が無頓着《むとんちゃく》であるように思います。わからないという子は、〝なぜ、わからないか〟の理由が、じつは本人自身にもわかっていないということです。このことは教える側がキッチリ心得ておく必要があります。

さて、わからない理由が本人にわかっていないとすれば、教える側が、〝なぜ、わからないか〟の原因・理由をさがしてあげねばなりません。ところが、困ったことに、先生自身がなぜ、その子が理解できないかをわかってやれていないところに悲劇があります。

もう一度、くり返し言います。子どもが「わからない」というとき、その責任のほとんどはカリキュラムや教材にあるか、それとも教え方にあります。ということは、カリキュラムも教材も、教え手によっていかようにもいじったり工夫したりして変化させることが可能ですから、結局は、教え手の〝教え方〟が問題、ということになります。

ぼくがそのことに気づかされたのは、ほかでもありません。当の「わからない」と言ってくれた子どもたちが教えてくれたのです。子どもたちが、どこでつまずくか、なぜわかりにくいかがわかり、一つずつそれらが解明するたびに、ぼくには〝財産〟が増えてきたように思います。その財産は、どれも、なかなかわかってくれなかった子たちからもらったものです。

### ●2=わかる教え方って、どんな教え方

わかる教え方というものがあるとすれば、それは、相手(子ども)が評価してくれるもので、こちらがいくら親切なつもりでも、向こうにとってわからなければ「わかる教え方」とはいえません。

ぼくは、教えているさいちゅうに「わかる?」「わからない?」と何度も聞きますが、返事のようすや顔つきで、自分の教え方のよしあしをふり返るようにしています。それによると、子どもたちから、あまりよい返事や表情が出てこないときには、こちらにいくつかの教え方の失敗があったことに気づかされます。

まず、一方的に自分のペースで教えすすんでいるとき——がそうです。とくに、こちらに心のゆとりがなく、体調などもよくなくて、イライラしているときなどはなおさらです。しゃべり方も早口になり、説明も一方的で、相手の心や頭がどのへんを向いているかさえも見失っているのです。こんなときは(自分ではそのことに気づきながらも)ますます早口になり、説明一本やりになり、自分だけからまわりしています。子どもは理解できませんから、ボンヤリしたり、おしゃべりしたりしはじめます。すると、いよいよ声も大声になり、ときにはどなってでも聞かせようと威圧的になり、あせります。こうなると悪循環で、いくら説明しつづけてもむだです。

まちがいの根本は〝子どものリズムにあっていない〟ためです。ちょうど道を自分だけどんどん自分のペースで走っていて、一度もあとをふり向かないのと似ています。わかってもらおうと思うなら、相手(子ども)の歩き方、ついてきぐあいを一歩一歩たしかめながら、子どもとリズムをおなじにあわせて進むのでなければい

けません。そのためには、いくつかの基本的姿勢が必要です。

一つには、〝一度に二つ以上のことを教えない〟ということ、もう一つは、〝やりとりしながら〟ということです。この二つは、相手の理解を確認しながら教えることの二大要素です。

「これは、こうなるけど、わかるかな」（二つだけについて）

「では、これはどうなるかな」（やりとり）

と、一歩ずつ相手が理解したかどうかをゆっくり確かめるのです。そのためには、自分（教える側）のほうだけ話していてはダメで、子どもと半々のつもりでやりとりすることが必要です。いわゆる〝キャッチボール〟の授業です。教え方のうまい人、というのは、この〝キャッチボール〟で投げ方と受け方のタイミングのコツがわかっている人といえるでしょう。

さて、子どもがわからないと言うときですが、たいていは、指導の段階が急に飛んでしまっているときです。一つのステップからつぎのステップまで、ほんとうならもっと細かくわけて教えるべきところを、こちらで〈こんなことはわかっているはず〉と思いこんでしまって、知らぬあいだに荒っぽい教え方になってしまっていたのです。

こんなときは、一つには、もっと細かく分析して、どこの部分で理解できないのかを知ることが必要であり、もう一つには、〈こんなことはわかっているはず〉と思いこんでいた部分を再チェックしてみることが必要です。

ぼくたちは、子どもたちと話すとき、こちらの話すことが一言一句もれなく相手に理解してもらえると、うっかり甘えているところがあります。また、前日とか数日まえに教えたことははっきり覚えているだろう、あるいは学年にして何年もまえに学校で習っているところは定着しているだろうと思いこんで教えていることがあります。しかし、当の子どもたちにとっては、前日だろうが、何年まえのことであろうが、わかっていなかったり忘れていたりすれば、わかるはずはありません。

まず、ぼくたちとしては、「一度や二度ではわかってもらえないもの」「子どもは忘れるもの」と頭のなかで考えてから指導にあたることが必要でしょう。そうすれば、「こんなこともわからんのか」とか、「オマエの頭はザルか」とかと、子どもを傷つけることばは出てこないのではないでしょうか。

(余談ですが、ぼくも過去に何度か、こんなことばを投げつけたことがありました。そのとき、相手の子どもから、「先生、そりゃないでしょう。ぼくの頭は〝サル〟よりマシだと思うけどなァ」と言われたことがあります。その子には「ザル」という意味がわかっていなかったのです。)

## ●3＝学ぶ楽しさが学ぶ動力に

「わかる教え方の留意点」について述べてみましたが、これらは「教えるときの心構え」というべき基本的姿勢、考え方などを中心に考えてみたわけです。これもやはり〝親切心〟の問題といえそうです。子どもの身になって考える、わからない子の立場に立ってみる、ということです。

わかる教え方にはまだまだ述べなければならないことが残っていますが、それらをここで説明するより、それぞれが、いろいろ工夫しながら研究されることをお勧めします。

教え方の研究・工夫については、今日まで民間でも、教材研究、指導法研究などで、いろんな成果が発表されています。そういう過去の研究に学ぶこともだいじなことでしょう。タイルやトランプを使ったり、オリジナルなカードなど、〝教具〟を使って楽しく、おもしろく教える工夫もずいぶん発表されています。また、自分なりに教え方を研究し、どういう指導の方法のときに子どもがよくわかったか、子どものフィーリングにあったかなど、そのときどきに収穫しておくこともたいせつです。

子どもの側にしてみれば、おなじ一つのことを理解し、身につけるにしても、その過程が楽しかったとか、おもしろかったとかいう感動は、積みあがった知識以上に、〝学ぶ楽しさ〟〝学ぶ動力(学力)〟として大きい意味をもつことになるはずです。

楽しくて、わかりやすい教え方で、具体的な例を二、三紹介してみます。小学生の算数で、子どもが苦手で、理解に手間どる単元がいくつかありますが、そんなとき、ぼくは自分なりのものを子どもと共同で手に入れてきました。では、まず、「単位換算」から——。

## 3キロ円って、何円？

「〇・三キロメートルは何メートルですか」

これを単位換算というが、子どもはこの「換算」に弱い。それは、覚えようとするからだ。だから、忘れるとお手あげになる。

もう一つの理由は「単位のしくみ」がわかっていないためである。

長さの基本単位はメートル(m)なのだが、メートルをもとにして他の「補助単位」というのがある。キロ(k)とはギリシア語で「千」の意味をもつ。したがって、一キロメートル(km)とは一メートルの千倍(1000m)ということになる。キロリットル(kl)、キログラム(kg)なども同様で、漢字でも以前は粁(キロメートル)、瓩(キログラム)と書いたものだ。

「三K《キロ》円って三千円だね」といえば、子どもにはよりピンとくるし、0.3k人＝0.3×1000＝300で三百人だ。k円とかk人などふつう使わないが、子どもには新鮮で、興味を持たれやすい。

ちなみに「補助単位」のしくみは「D（デカ）」が十倍、「h（ヘクト）」が百倍、「k（キロ）」が千倍となっており、逆に小さくしていくほうは、「d（デシ）」は十分の一、「c（センチ）」は百分の一、「m（ミリ）」は千分の一となっている。

この補助単位のしくみさえ押さえておけばよけいなことを覚えなくてもなんとかなる。1kℓ＝1000ℓ、1m＝100cm、1mg＝0.001gなどと、やたらに等式にして覚えようとする子がいるが、これでは頭のなかはゴチャゴチャになる。

覚えることは最低限に、そのかわり、しくみをわからせ、それを武器に使えたり、考えられるようにしておくほうが力になる。あとあと伸びる基礎学力――とは、こういう力のことである。

## 他人、親子、親戚って？

小学上級生や中学生が弱い計算に「分数」がある。五年の「分数のたし算・ひき算」、五・六年の「分数のかけ算・わり算」。ここで分数計算をマスターしないと、中学の数学や物理にたちまち響く。上級学年で出てくる分数計算のたびに、いやな思いをしなければならない。

ところで、「分数」が苦手、という子をよくよくしらべてみると、じつは「分数」それじたいの計算ではなくて、「整数の性質」に対する「カン」の悪さが原因であることがわかる。

たとえば、6/8のような分数を3/4のように、よりかんたんな分数になおすことを「約分」というが、モタモタしている子は上下ともに2で割れることがパッとわからない。「約分に強い子」は「数に対するカンがよい」とまでいわれるほどだから、約分練習はバカにできない。15と25なら5で、6と18なら6で、それぞれ割れる。8と7、2と9などは共通の約数は1しかない、というぐあい。「通分(分母をそろえる)」にしても同様。$\frac{3}{4}+\frac{5}{12}$なら、分母の4と12がどういう関係の数なのかをいち早く見抜くことがたいせつだ。12は4の倍数、だと。

では、どうすれば「整数に対するカン」に強くなれるか。二つの整数を見て、どんな関係か判断する練習をする。二つの数の関係は三タイプに分けられる。「他人の関係」「親子の関係」「親戚の関係」。「3と5」「4と5」などのように公約数(両方に共通した約数)が「1」しかないのが「他人の関係」だ。「8と2」「3と9」は一方が他方の約数であり、倍数でもある。これは「親子」。やっかいなのが「親戚」。これは「6と9」「8と12」のように、1以外に公約数をもつ関係。親戚は数の世界でもやっかいだ。

## ハジをかけばミになる?

現代っ子はケロッとしてズーズーしい。が、恥をかくことを極端におそれる。できそうもない苦手な問題、何回も失敗してやっとマスターできる勉強——これらに対して逃げ腰の子が多い。挑戦意欲がない。

「速さ」にかんする問題など、その典型だ。「速さ」「時間」「道のり」といった文字に出会っただけで、アレルギーを起こす子もいる。

「片道6kmの道のりを、行きは毎時12km、帰りは毎時4kmで往復した。往復の平均スピードは毎時何kmか」

よく出題され、よく失敗する問題だ。「速さ」というのは「道のり」や「時間」とちがって、たしたり、平均したりできない。したがって、12＋4＝16とやっても、また、それを2で割って8としても平均スピードにはならない。速さの問題では基本公式は一つだけ覚えればよい。

速さ×時間＝道のり

これ一式だけで応用する。時速(毎時)200kmの速さで走る新幹線なら3時間で600kmの道のりを進む。200km×3時間＝600km。この式の200や3のところが穴が空いたとしても、式の関係からわり算で求められる。

さきの問題なら、12×□＝6だから、往きの時間は0.5時間。同様に帰りに要した時間は、4×□＝6だから1.5時間。で、往復(6×2＝12)の道のりは0.5＋1.5で計2時間かかっている。ゆえに速さ×2＝12から、平均スピードは毎時6kmとでる。

やたらと公式を覚えさせようとするから、子どもは混乱し、いやがる。覚えることは最小限でいい。むしろ、一つの公式を使いこなす力のほうが重要だ。

速さ×時間＝道のり、の公式が覚えにくかったら、「ハ」×「ジ」＝「ミ」とやって、「恥をかけば身になる」とでも覚えさせよう。

### “ハト・ネコ算”はおもしろい？

「ハトとネコ、合わせて25匹います。足の数は全部で72本です。ネコは何匹でしょう」。小学上級学年で出てくる「ツルカメ算」という種類の文章題だ。文章題に弱い子は文章を目で追って、腕組みしたまま「わからない」という。ひとことでいえば「考える段取り」ができていない、ということだ。

考える段取りの要領は二つある。一つは「メモる」こと。もう一つはやさしい文章題に「少量化」してみること。さきの問題なら、25匹を10匹ぐらいに、足の数を26本ぐらいに「少量化」してみる。これなら絵や図にメモってみることもかんたんだ。「少量化」し、「メモる」ことで、全体の話のイメージが具体的にハッキリする。あとは、こちらがなるべくおもしろく、平易に「考え方」のお手本を示してやればよい。

何匹かわからないネコの後ろ足をハサミでジョキンと切り落としてみよう。ネコは前足2本だけになる。これでハトと同数の足の持ち主になった。さて、10匹まとめれば 2本×10 で20本のはず。ところで、ハサミでチョン切られたネコの後ろ足は、血だらけで転がっている。そいつを集めてみよう。26－20 で6本のはず。これはネコ3匹分の後ろ足であったにちがいない。文部省の教科書検定をするオエライさんだったら目をむいて怒りそうな考え方・解き方だ。残酷で非教育的だ。でも、子どもにはよくわかる。

文章題を考えるとき、線分図・面積図・集合図などを利用すると効果的だ。しかし、絵や具体的な図(半抽象図)を描いてみて「想像」するほうが楽しくおもしろい。子どもは、おもしろくなければやろうとはしない。どんなに「正しく」教えても、である。

## 私塾だからこそできること

私塾の多くは、学習が中心に運営されています。「学校の勉強がよくわからない」という子や生徒を相手に、じっくり学校で教わったところを再指導している私塾が多いと思います。ところが、わずか一グループ五人や十人で教える私塾でさえ、それぞれの子に十分満足のいく指導となると、なかなか思うようにはいかないものです。

前項で述べたように、一生懸命〝わかる教え方〟で教える努力をつづけることは当然として、そのほかにも私塾だからこそできることがあれば、その形態や方法も考えてみる必要があります。なにしろ学校とおなじことをやっていたのでは塾は成りたちません。そこで、ぼくの塾でいま実施していることを紹介しつつ、その考え・方法・注意点などをつけ加えて書いてみようと思います。

**●1＝無学年制──二つの方法**

学校では一度通過した学年のことは二度と教えてもらえない仕組みになっています。逆に、上の学年の教室へモグリこんでさきの学習をすることも許されません。ところが、ぼくの塾では、この〝学年のワク〟を意識的にハズして、ことして四年目になります。いわゆる〝無学年制〟です。

たとえば、中学二年生で、中一の〝正負の計算〟や基礎的な〝文字式〟の運用などが定着していない子がいます。そういう生徒の場合、中二のクラスに出ていながら、プラス中一の数学の時間にも出る、という方法もありますし、中二は出ないで中一だけ出る、という方法もあります。もちろん、〝正負の計算〟や〝文字式〟だけ補習したら、中一のクラスからハズレて、中二にもどることも可能です。どのクラス、どの学年、どの教科、どの単元のときに出るか、すべて自由です。それは本人の意志で決めればいいわけですが、こちらからも「キミ、いま中一で〝正負〟やるところだけど、出てみないか」というように声をかけたり、アドバイスしたりもします。また逆に、中一だけど中二の勉強してみたいという子には、それもＯＫです。

ちなみに、いま中二のクラスには中一の生徒のほかに、高校中退者や、小学五年のとき一年間、登校拒否をしていた六年生の子もまじって勉強しています。つまり、年齢は五歳ぐらいにまたがっているというわけです。ただし、この〝無学年方式〟をスムーズに実施するには、いくつかの条件が必要です。

一つには、当該学年から下の学年のクラスに出る子が〈恥ずかしい〉とか〈いやだ〉とか感じていないことが第一条件です。逆に、学年の低い子が上のクラスに出る場合も同様です。〈ぼくは頭がよくて、進んでいる〉〈学校の勉強なんてレベルが低くてやっていられるか〉などと、傲慢《ごうまん》な気持ちになっているのではけっしてうまくいきません。さきのことをやろうが、まえのことをやろうが、人間のよしあしのレベルとは関係ない。わかっておもしろければ、それが自分にとっての勉強なんだ——と考えて、ほかのクラスに出るのなら意味があります。

とはいっても、当の子どもにもその親にも、学校での学年、カリキュラム、〝学校学力〟、評価などに対する絶対なる信仰が根強くはりついています。なかなか一朝一夕にはこちらの思うようなフランクな気持ちにはなってくれません。

ぼくの塾の場合、この制度がまがりなりにも軌道に乗るのに、三年ちかくかかりました。上にスライドするほうは初年度からわりと希望者が出てスムーズにいったのですが、その逆のほうは最初、抵抗が大きかったようです。でも、一人、二人、三人と、すこしずつ勇気をだして出てくる子がふえるにつれて、〈下の学年にも出るとよくわかる〉ということをすこしずつ理解してくれたようです。出ている子も、あまり抵抗を感じなくなり、下の学年の子と仲よくなったりして、いまではどちらも抵抗なく定着しつつあります。

無学年制を実施するさいのもう一つの条件は、教える側が、つまり、こちらが〈遅れている子は質の悪い子〉

という考え方をもっていてはうまくいかない、ということです。要するに、学校勉強の進度の早遅で、子どもを上下に差別視しない、ということ。こちらが、進んでいる子はいい子、遅れている子は悪い子と考えていれば、子どもたちにもその意識は伝わります。そうなれば、この制度はメチャメチャになります。結局は、この制度の成否のかぎは、こちら側の意識の問題といえそうです。

〝無学年制〟の意味と方法はもう一つあります。それは、たとえば、〈中学二年生には、中二のことを教えなければならない〉という通念から、教える側がハズレることです。言いかえれば、教科書やカリキュラムのワクを取りはらって教える、ということです。

ぼくの塾での例を二つあげてみます。たとえば、中二で〝関数とグラフ〟を教えるとします。教科書では〝二年単元としての関数・グラフ〟だけしか出てきません。つまり、中一で習った関数も、中三で教わるであろうグラフも、そこにはのっていません。しかし、ぼくのところでは、中一→中三の内容をとりあげますし、ときには高校でしか習わない関数について指導することもあります。つまり、学年ブチぬき、教科書ワク飛びだしの指導ということになります。

小学生の国語の漢字学習もそうです。教科書では各学年によって、教える学年配当漢字が決められています。小学用と中学用も常用漢字内で区別されています。でも、ぼくの塾では区別なしにやります。人は、だれでも自分の生活や好みによって、いつ、どの漢字を、どれくらい読めたり書けたりできるようになってもいい――と考えるからです。

小学生は何年生に関係なく、常用漢字全般にわたって勉強しています。おもしろいことに、こうしたやり方をはじめてから、小学時代の国語の成績はどうかわかりませんが、ほとんどの子が漢字に興味をもち、中学では漢字能力をぐんと発揮する生徒がふえています。ぼくの考えでは、六年生が、小学一年や二年に配当されている漢字を勉強しても、ちっとも恥ずかしいことでもないし、小学生が生活や読書体験のなかで中学校配当の常用漢字を読めるようになっていても、それはそれで結構なことだと思います。

おもしろい、と思えば、それはいつ覚えても、身につけてもいいのではないでしょうか。要は子どもが興味をもったり、学ぶ元気がわいたりすれば、それはすべて、その子にとっての〝学び〟であり〝勉強〟だと思うのです。教える側は、ただ、そういう子どもの欲求にそうべく柔らかく対応していれば、十分に指導しているといえると思うのです。

### ●2＝学力差・能力差について

私塾をやっているかたから、「学力差・能力差に悩んでいるのだが、どう指導したらいいか」との質問をよく受けます。

ぼくの場合、他の私塾の人たちと比べて、それほどていねいできめこまかく指導しているという自負はありません。むしろ、普通の人たちより不親切でいいかげんな教え方ではないか、と身が縮む思いです。したがって、学力差・能力差を克服できる指導形態や教え方は「これだ!」といえるような力はぼくにはありません。学力差・能力差の問題は、私塾・学校を問わず、永遠のテーマのような気がします。もちろん、ぼく自身もこの問題については、ずっと今日にいたるまで指導法の工夫をくり返し、考えに考えつづけ、かつ、悩みつづけています。

多かれ少なかれ、学校でも私塾でも、学習指導の形態は〝一斉指導〟と〝個人指導〟の併行のかたちをとっているのが一般的です。

家庭教師や個人指導専門の塾以外なら、二人以上の生徒と同時に相対します。二人以上の子どもがいれば、かならず、あらゆる点で差違が現われます。おなじ到達目標(課題)を掲げたとき、早く到達する子、あとで到達する子のあいだで順位がつきます。また、一枚のプリントをやるにもスピードの速い子、ゆっくりやる子、あるいは注意深い子、うっかりミスの多い子など、いろいろです。頭の発達にしても、からだ同様、早い子もいれば遅い子もいます。また、終局的に比較しても、程度の差はあるわけで、全員がおなじところまでかならず伸びるということもないはずです。

つまり、学力差・能力差は厳然としてある――ということは認めなければなりません。ただ、問題は〝学力差〟〝能力差〟というものをどうとらえ、どう考えるか、そして、それらにどう対処していくのか、ということにあります。この問題について、ぼくはつぎのように考え、対処するようにしています。

まず、手作業や頭の回転の速さなどは、差違はあると認めても、それらはタイプの差違であって、良否、善悪という絶対的価値の評価としてみない、ということです。ゆっくり考える子も、パッパッと考える子もそれらはそれぞれの個性であり、特質であるわけで、人間のタイプのちがいである、と考えています。

ちなみに、自分自身のことで恐縮ですが、ぼくもパッパというタイプではありません。話すにも書くにも、人一倍時間をかけなければダメというほうで、ときにはたった一枚の原稿を書くにも、何時間も何日もかかってしまうことさえあります。スピードや締め切り制で順位をつけられたら、おそらくペケのほうでしょう。

さて、もう一点。学力差や能力差を認めるとして、それを、順位づけ(相対評価)でみるか、その子自身(絶対評価)

としてみるかによって見方は大きく異なります。いまは、ほとんどの学校の評価(テスト、成績表など)でも、受験でも、〝人との比べあい〟(相対)で評価されます。人との比較として、しかも、それを良否として評価されたら、〝劣〟と評価された人間は元気を失ってしまうにちがいありません。

ぼくたち私塾ではさいわいにして、学校のように成績表を五段階で評定しなければならないというような規則もありませんし、いつまでに到達目標に到達しなければならないというノルマもありません。「あなたはあなたでいいんだよ」と、どの子をも絶対的な見方でみてあげることができます。したがって、おなじ学年だからといって、どの子にも、〝全員におなじ内容〟を押しつける必要もないし、要求する必要もない——ということを、ぼくのところでは基本にしています。

たしかに、一斉指導ではみんなに向かって共通のことを指導します。しかし、照準を合わせているのは〝ゆっくり理解タイプ〟の子、あるいは、〝遅れ意識〟をもっている子です。ぼくとしては、〈あの子にわかるように〉と心のなかで考えつつ教えています。そうすることによって、結果的には全員がわかる、ということになります。

また、プリントや練習問題をやるときには、個別の学習になるわけですが、このときがタイプごとに異なる指導のチャンスだと考えています。たとえば、一枚のプリントでも、速い子はどんどん進みますし、じっくりタイプの子はゆっくり進みます。それはそれでいいわけで、ゆっくりやる子をあせらせたり、叱ったりすることはしません。あべこべに、競争のように必死にさきを急いでやっている子には、「そんなにガツガツあせんなくていいヨ」と声をかけたりします。

たまたまそういう急ぎタイプの子がプリントを終わってしまったときは、その子の意志によって、つぎのプリントをやるかどうか決めさせます。「やる」と言えば与えますが、「やらない」と言えばそのままにしておきます。逆に、ゆっくりタイプの子はプリントの途中で終わってもいいのです。

学校では、一定内容(同レベル)を要求し、一定時間の指導で打ちきりになります。ぼくは、この、おなじ内容をどの子にも要求し、その結果に対して評定し、順位づけるやり方を〝定食制〟〝締め切り制〟〝競争勉強〟とよんでいます。

私塾まで学校につきあって、子どもの元気ややる気をしぼませるような、指導と評価をする必要はないと思うのです。かりに、大半の子どもに理解しにくい単元が教科書にのっていたとしたら、それは、子どもが悪いのではなくて、教科書が悪いわけです。ですから、そこは塾でむりをして教える必要はないわけです。

## 受験をどうとらえるか

地域密着型の私塾といえども、六・三制の学制下にあるわが国では、好むと好まざるとにかかわらず〝受験〟を避けてとおるわけにはいきません。しかし、新聞折り込みなどで派手に宣伝する進学塾のような姿勢は、どう考えても、ぼくたちの理念には受け入れられません。

入塾テストをしてできない子をふるいおとす、子どもを長時間拘束し、〝特訓〟と称して、時間とお金の負担を重くする、偏差値の高いランクに何人いれたかを〝実績〟とよび、有名校合格者を勝者のように扱う――こういうやり方になんの抵抗も羞恥《しゅうち》も感じない神経には、ぼくらはなりきれません。

しかし、現実の問題として避けてとおれず、さりとて、こうした受験競争に積極的に加担する姿勢もとれないとすると、〝受験〟というものを、どうとらえ、どう対応したらよいのか——むずかしいところです。それぞれ、その塾の考え、やり方はあるでしょうが、参考までにぼくの場合を述べてみたいと思います。

まず、ぼくの塾では〝中学受験〟は原則としてやりません。やらない、ということは受験合格のための勉強やノウハウを教えない、ということです。また、〝原則として〟といったのは、たまたま子どもと親のほうでその気になって受験することになる場合があります。そんなとき、相談をもちかけられれば、ぼくなりの考えでアドバイスくらいはするにせよ、それもどちらかといえば、「やめたほうがいいのでは……」というぐあいです。「やりたければ、どうぞ」というだけです。

ぼくの塾では小学六年生は大半(ほとんど一〇〇パーセント)そのまま地域の区立(公立)中学へ進みます。中学受験に手を貸さないことにしているのですが、ぼくにはいくつかの理由があります。

まず第一の理由は、現今の中学受験は年々、異常さが増幅されていて、〈これでは子どもがおかしくなる〉と感じられる点です。小学四年くらいから特別な勉強をしなければならない。遊びと勉強のバランスがくずれる。大手進学教室の傘下《さんか》に属し、日曜日や学校休日もつぶさせてしまう。これでは、どこかイビツな子に育つ可能性大です。また、難問・奇問を短時間で処理する能力が〝高い学力〟だなどと、ぼくには思えません。

第二の反対の理由は、子ども主体でなく、親主導であるという点です。小学四年や五年といえば、まだ、ほんの子どもです。そんな幼いころから、自分の意志で将来の方向を決定できるとはとても思えません。テレビなどの報道で、「いい学校へ行って、将来、いい会社に勤めて、いい給料をもらって……」などとしゃべっている子がいますが、いつも考えさせられてしまいます。たしかにしゃべっているのは子ども本人ですが、そう言わせているのは親であり、その内容はすべて親の受け売りのように聞こえます。もしその子が本気でそう考えているとすれば、それはまた恐ろしいことです。ともあれ、だれかにプレッシャーをかけられ、本来、自分がどうありたいかがゆがめられた結果、あのような発言になるのだと思うのです。

インタビュアーが、「いま、いちばんなにがしたい?」と尋ねると、「ぐっすりねむりたい」とか「思いっきり遊びたい」とか「好きなだけ本を読みたい」とか答えるのを聞いても、本人の意志で受験勉強に取りくんでいるのではないことがうかがわれます。小学生くらいでは、親に反発したり、対等に自分の意見を親のそれと闘わせたりすることはないでしょう。それだけに、親の考えがどうしても先行してしまいます。

ぼくは、こうした〝親主導型〟で育てられてきた子どもたちが、どこでどんな挫折をしたか、あるいはその後、どういう人間になっていったかを数多くみてきました。紙面のつごうでくわしく述べることはできませんが、ぼくには恐ろしくて、こういう親と子に協力する気にはとてもなれない、というのが実感です。有名中学、高いランクの高校、いい大学というコースに早くから乗ることによって、将来、得をする――そういう考え方そのものがぼくには肌にあわないのかもしれません。

ところで、中学三年生が高校を受験するという場合は、前記のような事情とは異なります。自分の将来に対する選択や行為の責任は、もう自分で負わなければならない年齢です。また、義務教育期間が終了するわけですから、それ以後の選択も急に広がります。進路をどういう気持ちで見定めるか――大きな岐路に立つことになります。

そういう時期には、親以外にもだれかの助言や励ましがあってもよいと思います。そういう意味で、中学三年生には、進路や受験に対する指導やアドバイスを毎年してきました。毎年、およそ四、五十名が巣立っていくわけですから、いままでに千人以上がぼくの塾を卒業していった勘定になります。毎年、これら卒業生がどのような進路をこれから先たどるにせよ、どの子も、その子らしく、しかも、しあわせに生きてほしい、と願っています。

中学三年生に対して、ぼくがふだん口ぐせのように話すことを思いだすままにならべてみます。それによって、ぼくの受験に対するとらえ方や指導のあり方が、およそつかんでいただけるものと思います。

## ●受験勉強は総復習と考えよう

逃れられない宿命というものがあります。高校へ進学したいと考える子には、入試は逃れられない制度です。どうせ逃れられないのなら、それをプラスに転化し、振りまわされるのでなく、逆にこちらが利用しよう、というわけです。入試という一時点までのある一定期間を、自分を高めるための時間として活用しようじゃないかというのです。

ふだんは、学校の勉強でも、そのときそのときの学習で終わってしまっています。中間テストや期末テストにしても、ある期間に教わった部分だけにかぎられています。いずれも、いわゆる、その場かぎりの「犬かき学習」です。受験勉強というと、〝受かるための勉強〟ととらえがちですが、もしそうだとすると、合格しなければ勉強したことが無意味だった、ということになります。それではつまらない、勉強したことが生きなければ。小学一年から中学三年までの九年間、教わったことを自分なりに総括して、自分のこれからの人生の基盤にする――そう考えれば、受験勉強の意味がぐんと出てきます。

「受験を利用せよ」という意味は、ふだん使っていない筋肉をヨガや体操によって柔らかくして、健康なからだを保とうとするやり方に似ています。例をあげれば、国語の長文読解練習などは有意義です。設問に対する回答のテクニックなどはさておき、ふだんめったに文章に接しない中学生などにとっては、いいチャンス。いろんな論理的文章や文学的文章に出会うだけでも勉強になります。

●偏差値で人間のランクは決まらない

すこしでも偏差値の高い高校へ行く努力をすることが受験勉強だと考えている生徒がいます。名もない高校より、名のとおった、レベルが高いとされている高校に合格することが教育の成果と思いこんでいる親もいます。

ぼくは「ダメなものはダメ」とよく口ぐせのように言います。考え方や生き方が貧しかったり、おかしかったりする人は、たとえ一流校とよばれる高校や大学にはいろうが、そこを卒業しようが、ダメなものはダメだ、と。人としての価値は、どの学校へ行ったかで決まるわけではなく、その人がどんな人間で、その人がどんな生き方をしたのかで決まる、と。

●自分にとっての一流校

世間では一流、二流、三流と高校や大学のレベルをかってに決めています。でも、ある人にとってA校が〝一流校〟ではあっても、べつの人にとってはマイナスに作用することだってあります。反対に、世間で三流とよばれる高校でも、はいった本人にとっては自分を伸ばし、みがき、生きいきできる場であれば、その高校は〝自分にとっての一流校〟となります。要するに〝普遍的な一流校なんてない〟ということです。

●合格すれば大成功か

毎年、第一志望に落ちて、第二や第三に志望した高校へ行くことになる生徒がいます。いちばん行きたかった学校に落ちるわけですからガッカリするのは当然です。また、第一志望に一発で合格し、得意満面の子もいます。

ぼくが受験期をひかえた生徒たちに事前に話すことは、「受験は、合格したら大成功、落ちたら大失敗というようなものではない」ということです。その理由は、まず、不合格という挫折を味わった人間は、一度も挫折を経験しなかった人間より、人として大きくなるチャンスを得るということです。つらいこと、悲しいこと、痛いことの体験は、お金で買えない財産のようなもので、その人を大きく成長させる糧《かて》ともなります。

また、受験に合格したからといって、その先しあわせになれるという保証が得られたわけではありません。三年間という時期、その高校でどう過ごし、その三年間の日々が将来どういう意味をもつことになるかで決まります。だから、合格した時点では未知です。〈とにかく、受かってしまえばもうけもの〉という考えで受験するのは危険です。

●自分で決めて、自分で歩く

志望校選択からその後の進路まで、ぼくは「自分が最終決定をしなさい」と、毎年、いっています。親の意見や考えは聞くことも必要ですし、学校の教師のアドバイスも無意味とはいいません。しかし、最後に判断して決定するのは、あくまでも自分なのだ、ということです。そのかわり、その結果についても自分で責任を負わなければなりません。これを考えちがいしていると、あとで悲惨な結果になります。

親や教師の意見で決定した生徒は、あとになって「自分はこんな高校へ来たくはなかったのに」と不平不満を言いはじめ、やがて退学や登校拒否になったりすると、その原因や責任を他にさがそうとしたりします。自立するチャンスを自分で失ってしまった子たちです。

自立の第一歩というのは〝自分で決めて、自分で歩いてみる〟ということです。自分がどうしても受けてみたいというところは、偏差値がどうであろうが、親や教師が反対しようが、受ければいいのです。そのかわり、落ちてもだれにも文句も泣きごともいえません。しかし、それで得るものは、〝安全〟をすすめられてスーッといった子より大きいと思うのです。

自分が三年間かようであろう高校を、一度も事前に見ないで受験する子がいます。それでいて、あとで「イメージとちがった」などといっても、それは自分の責任だ、とも教えます。他人の情報や考えをうのみにするのではなく、自分の足でその学校なり先輩なりを訪ね、自分の力で判断する、そういう姿勢がたいせつなのだといっています。

はじめに書きましたが、どんな状況に迫られても、その状況を自分にとってプラスに作用させ、自分の勉強にしてしまう人と、その逆の人がいます。おなじ〝受験〟という事件を十四歳なり十五歳の時点で体験した人びとはたくさんいます。しかし、どんな時代でもそれでダメになっていく人もいれば、そうでない人もいたはずです。

ぼくは、どの子にとっても〝受験〟を体験することによって、それまでにもまして、ひとまわり大きい人間に成長してほしいと願っています。

ドキュメント・地域ミニ塾 12

# ビンタ事件

毎年、学年末になると、地域の父母のあいだでちょっとした波乱が起こる。ここ数年、その波乱はすこしずつボルテージが高まりつつあるようだ。

小学六年生は、その大半が区内の区立中学へ進む。

## 母親たちの心配

そこででてくるのが、わが子を地域の中学へ進ませてもだいじょうぶだろうか——という不安だ。つい先日も二人の母親が訪ねてきた。〝中学入学説明会〟というのが、小学校六年生の父母対象に行なわれたらしい。説明に出向いてきたのは同区の中学の体育担当教師。

「その先生の話を聞いてたら、おそろしくなって……」

母親たちの話だと、その教師は開口一番、「わたしは、ビシビシ生徒をなぐります」といったらしい。近ごろの新入生(新中一年生)はよい悪いのけじめがついていない。これはひとえに家庭教育のしつけができていないためである。学校では勉強を教えるのであって、しつけまでめんどうみるひまはない。世間では学校に問題があるように騒ぎたてているが、学校は昔もいまも問題はない。問題は家庭にある。したがって、学校としてはそういう子にはきびしい態度で臨むからそう心得よ—

――という趣旨の話だったという。

「うちの子なんか、のんびり屋ですから、……小学校でもしょっちゅう忘れものはするわ、立たされるわでしたでしょう。それに、あのとおりからだは小さいし、ピリピリした学校の雰囲気のなかだと、ハジキ飛ばされるんじゃ……」

「うちなんか、まっさきになぐられるんじゃないかしら、なにしろ小学校時代から、『お宅の子は問題児です』っていわれてるんですから」

母親にしてみれば、そのまま定められた区立中学へ進ませたとき、わが子が中学でうまく適応できなかったらどうしよう、という不安がある。親が呼びだされて注意される、先生と波長があわず勉強がいやになる、級友にいじめられる、学校へ行きたくないと言いだす可能性もある。考えれば考えるほど心配の種はつきない。

学校のそとで親や子とかかわっている私塾の側としては、不安を抱いている親や子に、なおさら恐怖感や不安感をつのらせるわけにはいかない。

「だいじょうぶですよ。いざとなれば、親が子どもの味方をしてやる覚悟さえあれば」

とはいうものの、日々、生徒たちから学校の実状を知らされている者としては、内心おだやかではない。――こんなことやってて、ほんとうにだいじょうぶかな
――と、母親以上に考えこんでしまう。

## ビンタ事件

中学三年生が公立(都立)の高校を受験したいと担任に申してでた。A君としよう。

中二のころ、廊下を友だちとふざけながら走っていて、すれちがいざま英語の女教師(担任)にビンタを食った。いきなりのビンタにA君は抗議した。

「たたくことはないじゃないか。体罰は禁止されているんじゃないですか」

すると、女教師は冷厳にA君を見すえて言ったという。

「生意気いうんじゃないの。アンタみたいな生徒はたたかなきゃわかんないんでしょ」

〝廊下走りのビンタ事件〟以来、A君は以前にもましてこの女教師がきらいになった。出席をとられるときにも「ハイ」という返事を小さい声でした。やがて、女教師はA君だけ飛ばして出席をとるようになる。授業中もA君は手をあげることもしなくなり、教師もA君を指名することもなくなった。〝師弟の断絶〟である。不幸なことに、中三に進級しても、A君とこの教師は生徒と担任という関係からきれることができなかった。そして、高校進学の志望校決定。担任と生徒は個人面談という儀式で対面する。

「わたしは、アンタの担任で、ほんとうに不幸だったわ」

儀式の最初にA君が担任から聞いたことばである。

――オレだって、アンタなんかに担任されて大不幸だよ――A君もそう言いたい衝動にかられた。が、がまんした。

「で、どこを受けるの」。投げやりな口調できかれた。

「都立N校……です」

女教師は大きくため息をついて、「調査書、……書くだけムダな労力だワ」、そう言った。

ぼくの判断では、A君はN高を受験しても学力的には十分合格の可能性はある。A君自身も、おおよそのことはわかっている。しかし、かれは内申が心配だ、という。

「私立にしちゃおうかなァ。めんどうくせえから高校なんかヤメようかなァ」

つい先日、A君がぼくにもらしたことばである。A君は悩んでいる。

一昨年、急性肝炎で父親を失ったA君には、相談相手となるのは母親だけだろう。

「お母さんに相談してみたかい」とぼくは尋ねた。A君は、ちょっと首を横に振って、「いや」という。ビンタ事件も、その後のことも、なにひとつA君は母親に話していなかった。きっと、母親に心配をかけたくなかったのだと思う。

つい十年ほどまえまでは、こんなふうではなかったように思う。近所の中学にしても、生徒たちから聞こえてくる教師の評判も、もうすこしゆとりがあった。生意気ざかりの中学生が、ちょっとハスに構えて教師をからかったりしても、そこには年代の断絶はあるにせよ、お互いを許容しあう間隙《かんげき》というか滑稽《こっけい》さのようなものがあった。

マルコバと生徒たちからよばれていた数学の教師。授業中はやたらときびしく、私語やだらけに人一倍うるさい。そのくせ、テスト問題は拍子抜けのようにやさしい。生徒の目のまえで採点するのがくせで、「ム、ヨクデキタ、リッパ」といってはばかでかいマルをつける。生徒たちはマルコバをおそれてはいたが、尊敬もしていた。

ツバキヒメ。授業に熱中すると夢見るように恍惚《こうこつ》となるというので、生徒たちは半分おもしろがり、半分ばかにしているようでもあった。しかし、彼女の語る日本史や世界史については、どの子もいちように好きだ、といった。恍惚気分で語るとき、教壇の近くにすわる生徒たちにはつばの洗礼が飛ぶので、その名があった。

雨の校庭でサッカーをやり、かたっぱしから生徒にアタックしては生徒も自分もドロンコになる。廊下を走っていると、スレちがいざま見さかいなく男生徒の中心部を力まかせににぎるというので有名な体育教師もいた。

陰険で不人気な教師もいなかったわけではない。しかし、学校全体として、生徒や教師のいろいろさがほどよくまざりあって、なんとも形容しがたいおかしさがそこにはあった。

家庭教育がなってないからなぐりつける、という発想は「ダメなヤツはなぐってわからせる」という思想から出ている。反発する子や気にいらない生徒には内申や受験で仇《かたき》をとってやるというやり方もいかにも貧しく、寒ざむしい。子どもの姿も昔と多少変化したのかもしれない。親も子育てに問題を残しつつ学校へ入れてしまったのかもしれない。しかし、子や親と教師側がおなじ人間どうしとして柔らかくつきあうことなく、敵対するかのごとく相手を非難したり、権力的に相手をねじふせようとするやり方では、これからさきも、あまり明るい光は見えてこないのではないか。

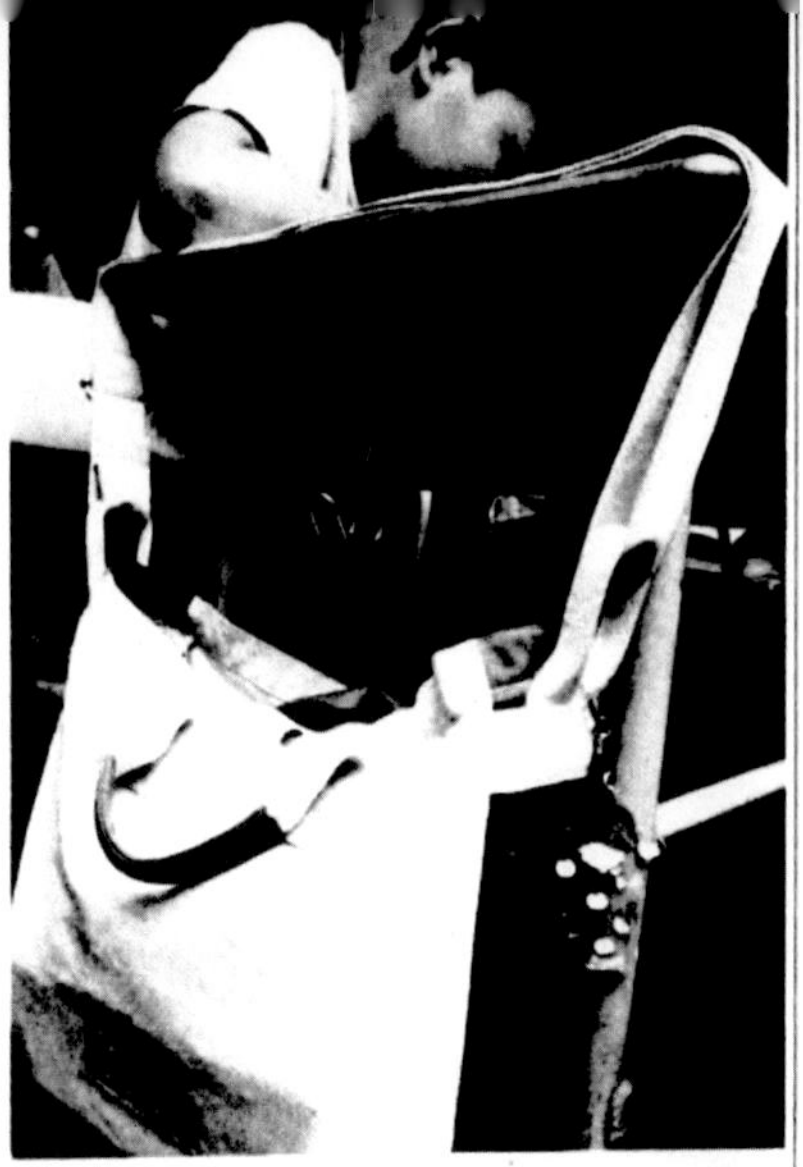

# VI 五分のつきあい

## 私塾と子どもと親

プラス評価で子どもを見る

中学一年生が英語を習いはじめてから、もうすぐ一年になろうとしています。きのうも、塾の子どもたちと英語の復習をしました。英語が苦手でダメだダメだと自分で思いこんでいる生徒が何人かいます。

〝毎日、わたしは放課後テニスをします〟という和文英訳で、

I am play tenis every day アフター scool.

と、ある子が書きました。

「どれどれ」とノートをのぞいたのですが、その子は手でかくして、なかなか見せてくれませんでした。

「ダメだよ。違ってるよ。わかんないよ」と、まるで自信がないふうです。“be”動詞と“play”という一般動詞は同時には使えないことや、“after school”などの語はもうきょうまでいくどとなくやってきたはずです。それに、ほかの子はほとんど“tennis”や“school”のスペルもまちがわずに書けています。

以前のぼくだったら、カンシャクを起こしておそらくつぎのように言ったかもしれません。

「おまえ、アタマ悪いなァ。なんど教えたらわかるんだい。おまえだけだぞ〝アイ・アム・プレイ〟なんてやってんのは。“tenis”のスペルもちがってる、“scool”だってちがってる。こんなの、いまだに書けないなんて……情けない。どーしようもないぞ、モウ……」

こちらとしては、やる気を鼓舞しようと元気づけるつもりですが、これではうまくいきっこありません。生徒ができなかったとき、わかってくれないときなど、こうしたことばでその子の意気を消沈させたことは、きょうまで数えきれないくらいありました。

しかし、最近ようやく、こうした接し方や自分自身のあり方がまちがいであったことに少しずつ気づいてきました。きのう、この子のノートを見たとき、ぼくの口をついて出たことばは前記のようなことばではありませんでした。

「ホホー。ウン、これくらい書ければ、アメリカ人にもいちおう通じるだろうナ。〝放課後〟がアフター・スクールなんてよく覚えてたネ。たいしたもんだよ、ほんの一年まえまではアルファベットも知らなかったのにねエ」

人間ってスゴイ。わずか一年たらずで、それまでまったく知らなかった外国のことばが、まがりなりにも読んだり書いたりできるようになるなんて。"I am play"とは言わないけれど、"I"の"be"動詞が"is"ではなくて"am"だと覚えているだけでもりっぱなもの。"every day"のスペルもちゃんと書けている。ほかの子と比べれば長じているとはいえないまでも、この子にとっては大進歩だ——そう思うと、ちょっとした感動さえ覚えました。そして、「ちょっとしたちがいだヨ」と言いながら、その子のノートに正しい英文を書いてやりました。

ひとはだれでも自分の弱点やまちがいを足ざまにケナされたら元気がでません。ましてや、同性や同年齢の人間と比較されて、「オマエは劣っている」と言われれば、だれだってやる気を失ってしまいます。熱は高いほうから低いほうへしか伝わっていかないもので、けっして低いほうから高いほうへは移行しないといいます。このあたりまえの理屈が、なかなかものを教える人間には理解できないようです。ぼく自身そうでした。

伊藤隆二さん(横浜市大教授)というかたは、この理屈を〝フロシキ持ちあげ法〟といわれます。子どもを伸ばす、つまり、子どもというフロシキを持ちあげようとするには、盛りあがった部分を一か所だけつまんで持ちあげさえすれば、フロシキ(子ども)全体がしぜんに持ちあがってくる。四隅を持ったり、くぼんだ部分に目をつけて、あちらもこちらもとつまんで持ちあげたりする必要はない、と。まったく、そのとおりだと思います。ぼくに、そのことを気づかせてくれたのはほかでもない、子どもたちでした。口で教えてくれたわけではありませんが、くぼんだ部分につい目がいってしまってマイナス評価をしてしまうと、その子の元気がますますしぼんでいくのです。彼らは、自分で元気を失っていくようすでぼくに教えていたのでしょうし、〈マイナス評価で見ないでくれ〉と訴えていたのでしょう。

こう書きますと、〈そうか、子どもをほめればいいんだな〉と考えるかたがいるかもしれません。でも、ぼくの言いたいことは、それとはちょっとちがいます。ケナスよりほめたほうが、それは効果があるにはちがいないでしょうが、そういう〝扱い方〟、テクニックの問題ではないのです。

うまく言えませんが、〝プラス評価〟〝絶対的・肯定的見方〟とでも言うのでしょうか……こちら側の考え方・姿勢の問題なのです。さきの英語の例ならば、"after"が書けなかった、とみるか、"I"や"play"や"every day"が書けたじゃないか、という方向でみるかのちがいです。そのちがいは、〝ほめる〟〝しかる〟の問題ではなく、〝感動〟の問題です。見る側の人間の姿勢によって、おなじ人間でも好きに感じたり、きらいに感じたりするのとおなじです。こちらが感動すれば、その感動はなにも言わなくてもしぜんに相手に伝わります。「スゴイなァ」「いいなァ」「よくここまでやったなァ」とこちらが感じれば、子ども自身もしぜんに元気がでたり、明るくなったりするのです。

また、〝絶対的・肯定的見方〟という点についてですが、これも複数の人間をおなじ尺度ではかり、その優劣・長短を強調して、よい・悪いと裁定をくだす、という姿勢ではなく、一人の人間を固有の存在として独立的に、しかも、否定的でなく肯定的にみる、という見方のことです。ですから、これも子どもが問題でもなく、接し方や対応の問題でもなく、ひとえに、こちら側の姿勢の問題ということになります。

優勝劣敗、褒長叱短(こんなことばがあるかどうかわかりませんが)の姿勢で子どもたちに接していますと、子どもたちのあいだには序列ができ、教室は競争原理が幅をきかし、塾のなかの雰囲気が悪くなります。できる子は高慢になり、できない子は暗く、陰湿になります。それだけでなく、子どもどうしの人間関係もマズくなり、先生と生徒の仲もイヤーな感じになってしまいます。

人間は、どんな人間もそれぞれが〝主役〟として生きていると思うのです。子どもたちだっておなじです。どんな子だって輝くときがあり、その子らしい個性的なおもしろさをみせてくれる瞬間があるものです。ぼくら民間で私塾に生きる者としては、そうした輝きやおもしろさをどの子にも発見して、好きになり、感動することができさえすればそれでいい。そうすれば仕事の大半は成就したと考えていいのではないでしょうか。一日とか一回の出会いで全員をほめようなどと考える必要はないと思います。子どもがいい顔をするとき、その子の輝くときに敏感で、すぐ、その子のいい面に焦点があわせられるように、こちらの心の眼をみがいておけば、そのチャンスはしぜんに現われます。不自然でもなく、意図的でもなく、スッと出ることばや態度ですから、〝ほめる〟というのはあたってはいませんが、それをぼくは〝プラス評価〟〝絶対的・肯定的見方〟といったのです。〝プラス評価〟や〝絶対的・肯定的見方〟は、相手が元気になってくれたり喜んでくれたりすることが、こちらにとってもうれしいことだという気持ちがあってこそ、できることだと思います。

人と人との関係をつくる

ぼくが中学生のころの話です。国語の教師をしていたI先生という人がいました。このIという男の先生が、どういういきさつでかは忘れましたが、ぼくの家の二階に下宿をしていた時期があります。

中学生時代のぼくは教科のなかでも国語がとくに好きで、小説などもよく読んでいましたし、まねごとながら自分で筋を考えて書くのも好きでした。ですから、I先生がぼくの家の下宿人になることを母から知らされたとき、なにやら期待感で胸がふくらむ思いがしたのを覚えています。国語のおもしろい話が聞けるかもしれない、小説の書き方なんかも教えてもらえるかもしれない、などと。事実、母もそのへんの期待が多少あって、I先生を下宿させてあげたのだと思います。

ところが、いざ下宿してみると、そんな雰囲気ではなかったのです。いっしょに食事をしているときとか、母がいあわせている場では、やさしくぼくに話しかけてはくれますが、そうでないときはいたって冷淡なのです。それればかりではありません。学校の廊下ですれちがうときに、ぼくがちょっと手をあげてニッコリしようとしたら、パッと窓のそとへ目をそらして、そ知らぬ顔で通りすぎてしまったのでした。もっとショックだったことは、国語の時間に手をあげても、指名してくれなくなったことです。

それからしばらくのあいだ、どうしてぼくがI先生にきらわれたり無視されたりするのか考えました。でも、いくら考えてみても、少年のぼくにはその理由《わけ》が発見できないままでした。そんなぼくの悩みをよそに、I先生はあいかわらずぼくの家へ帰ると、「ハルミ君」などとときどき声をかけてくれるのです。でも、やっぱり学校では他人顔──。ぼくはますます頭が混乱してしまいました。

もう、四十年ちかくもまえのいやな思い出です。ぼくの胸の奥には、このときの傷心はいまだにハッキリと刻みこまれています。日ごろ、ぼくが塾で子どもたちと接するとき、潜在しているこのときの傷心がいつもフッとどこかで浮上してきます。

ぼくは塾では、一人ひとりエコヒイキしようと心がけています。前夜、塾生の父親と酒をくみかわしたとします。それであくる日の授業でその子と顔を合わせれば、ちゃんと隠さず、みんなのまえで話しかけます。

「ヤア、ゆうべはごちそうさん。お父ちゃんと大きな声で話してわるかったネ。寝られなかったんじゃないの」

なんてやります。

なかには、他人のまえではちょっと話せないこともあります。父母が離婚し、別れた父親が死んでしまった、というようなときです。こんなときの子どもの気持ちはかなしく複雑です。このとき、ぼくはじーっとその子の眼を見つめていました。その子もぼくをじーっと見ていました。なにもお互いことばをかわさなかったのですが、眼で会話しているようでした。机のあいだを巡《まわ》るとき、黙って、その子の頭を抱いてやりました。ぼくとしては、〈くじけず、がんばるんだぞ〉と言ったつもりです。

こういう、その子とぼくとだけの秘密に属するような部分では、みんなのまえで公然と話しあうことはできませんが、それでも一対一になったときに話すとか、人まえでも黙ってその子を見つめるだけで、お互い通じることだってあります。要するに気持ちです。

子どもは、おおぜいのなかのひとり、まとまった何人かの集団として扱われると孤独になります。A男とぼく、B夫とぼく、C子とぼく、D子とぼく、というように、どの子でも、その子とぼくとが一本の糸でつながっていることを望むものです。その糸は、あるときは公然であるでしょうし、あるときは二人だけの秘密のそれである場合もあります。

前項で述べた〝プラス評価〟などは、公然のほうが意味があります。ひとりを相手に「オマエはすばらしい」と言うことはわりあいかんたんでしょう。ちょうど親がわが子を家庭でほめるのとおなじです。でも、何人かのまえで、特別にその子だけに「オマエってスゴイな」と言うには、真実であることの裏づけが必要です。オベンチャラや八方美人的な気持ちでは言えないことばです。それだけに、〝みんなのまえでほめられる（ほめる――というのは適当な表現ではありませんが）〟ということは社会的（おおげさですが）に意味をもつことになります。

子どもにとっては、親にほめられたり、一対一の場面で友だちや先生からほめられたりするのはうれしいことにはちがいないでしょうが、それよりも、公衆の面前で高く評価されることのほうが、より意味の比重は大きくなります。ウソではないことの証でもあるのですから。「ほめるときはみんなのまえで、叱る（教え、さとす意味もふくめて）ときはひとりのときに」という対応は、ぼくが自分に言いきかせている原則といっていいでしょう。

塾は、こうして、一人ひとりの子どもとこちら側が一本一本の糸でつながり、しかも、どの子も社会的に意味がある固有の存在であることを、そこへ集う子どもどうしも認めあうところ――それが、まず、基本ではないでしょうか。言いかえると、弱い者も強い者も、進んでいる子も遅れている子もみんなゆったりとしていて、お互い人格を認めあい、そこにいるだけで心安まる雰囲気をつくること。それは、ちょうど音色の異なる楽器が快くとけあって演奏されるのと似ています。

塾は勉強を教えるところ、と割り切ってやっている人もいると思います。でも、実際の場面では、基本となる人間関係ができているかいないかでまったくその効果もちがってくるものです。どんな先生が、どんなにじょうずに授業をやったとしても、そこに、教える人と子どもたちとのあいだでの信頼関係、あるいは、子どもたちどうしの快い人間関係ができあがっていなければ、授業さえも成立しないのです。ひとりの生徒とぼくとの人間関係が切れたら、もう、ぼくがなにを教えても、その子の耳にはなにもとどかない——そんなことはよくあります。

ここで、学校の話をもちだすのは本意ではありませんが、いま、多くの学校で〝いじめ〟が頻発《ひんぱつ》し、授業が成立しない学校もあると聞きます。学校と私塾とを一律に対比して考えるのは軽率ですが、ぼくが考えるところでは、これらの荒廃の一大理由として見逃せない点は、ここに述べた〝人間関係〟の断絶と、クラスや学校の〝雰囲気〟の悪化によるものだと思っています。小さな地域塾のなかでさえそうですから、学校というフォーマルな場ではなおさら、悪化した人間関係のなかでは、どんな手だてを講じても授業を成立させることなどできないと思うのです。

先生と生徒が、あるいは生徒どうしが、信頼しあったり許しあえたりして、いい雰囲気になっていさえすれば、学校といえども、いじめなんか起こりませんし、子どもにとってもっといいごこちよい場になりうると考えるのですが……。

## 強制・自由・自律について

このように書いてきますと、なんだか、ぼくの塾ではいつもいい雰囲気で、どの子ものびのびやっているように受けとられそうです。自分でも、それは多少は自認しているところもありますが、万事そうスムーズにやれているわけではありません。日々の生活のなかで、子どものこと親のこと、いろいろ問題はあります。あとからあとから難問がわいてきて、ぼく自身、あるいはスタッフみんなで頭を抱えることもしばしばです。それらひとつひとつについて、ここで述べる余裕はありませんが、いくつか拾って考えてみようと思います。

すでに述べたように、人間関係を第一にだいじにするという姿勢にはちがいないのですが、だからといって、なんでも子どもの自由にさせているというわけではありません。子どもの意志をいつでも優先させ、それにこちらが従う、というやり方をとってみた時期もありましたが、これだと人間関係自体もメチャメチャになってしまいます。教室でガムをクチャクチャかんだり、かって放題おしゃべりしたり、ときにはタバコを吸ったりというようなことが起こるのです。中学二年生くらいになると、反抗的な態度になり、塾のやり方に注文をつけたり、ダラケたり、シラケたり……。認めれば図にのる、叱ればスネるというわけです。でも、よく考えてみると、それもやはりこちらの考え方や対応に誤りがあったからです。子どもの自由を保証するということと、好きかってなんでも許すということとは、まったくちがうことだということです。

結論からさきに述べます。いまのぼくのやり方は、「いっさいの強制はしないが、こちらがさきに姿勢を示し、子ども自身に自律的に判断させ、選択させる」という方法です。どうして、こういう方法におちついたか、ということですが、それは、子どもを尊重するという意味は子どもと五分のつきあいをする、ということだと気づいたからです。〝五分のつきあい〟といっても、こちらはおとな、相手は子どもですから、ほんとうの意味では〝五分〟とはいえないかもしれません。しかし、それでも、おとなと子ども、先生と生徒でありながらも、人間として〝五分〟でありうると思うのです。

具体的に述べてみます。ぼくの塾では、ノートをとることを強制しません。いや、勉強するかしないかも強制しません。人のノートをのぞいたり、カンニングしたりも自由です。「ノートをとりなさい」「これをやりなさい」「他人のプリントをのぞくな」などとはいっさい言いません。

「先生、それノートに書くの」という子がいます。そのときでも、「キミが書きたければ書けばいいし、書きたくなければやめとけば」と、言います。つまり、好きにしたらいい、と投げだします。もちろん、そう言われて、「じゃあ、やめとこ」とやめてしまう子もいます。が、それも放っておきます。ここまでは〝子どもの自由〟です。

でも、ぼくにも自由があります。それは、いっさいの強制をしたくないという考えを実行している自由と、もう一つ、こういう教室でありたい、とぼく自身が考えたり決めたりする自由です。〝こういう教室〟という塾の方針のようなものは、つねにぼくが子どもたちに提示していることで、その方針にあわない、と子どもが判断すれば、そのときは決裂です。その判断と選択は子どものほうがイニシアティブをもつはずですから、こちらはそれに従う結果になります。つまり、〝五分〟というより、最終的には子どものほうが強い立場といえます。

ぼくの場合、勉強にしても人格形成にしても、教え導いてやったり、悪いところをよくしてやったり、実力をつけてやったりできるとは考えていません。学力も人格も、それぞれ自分の力で、自分が身につけていくものと考えていますから、そういう意味でも、子どもとぼくとは五分のぶつかりあいです。ただ、さきほど述べた、〝こういう教室〟のイメージや考え方に反するときは〝教える〟のではなく、〝怒ってしまう〟のです。

〝怒る〟という感情は上から下の人間に対して感じる感情でなく、対等にちかい感情です。

たとえば、勉強はしたくないけど騒ぎたいとか、勉強をしようとしている子のじゃまをするとか——。こういうときは怒ります。自分がしたくなければ、それは自由ですから、帰ろうが、マンガを描いていようがかまいません。でも、他人の自由を奪う権利まではありません。そう思うから腹が立ちます。ぼくは、授業をやっているときは、みんなで楽しく勉強をする教室にしたい、と望んでいます。ですから〝こういう教室〟にしたいというぼくの自由を犯されるのは許せません。「やりたくなかったら帰っていいよ」ということになります。帰るもいるも自由です。ですが、いるからには、勉強することを選び、自分で決定したわけですから、従ってくれないのでは、ぼくもいやです。怒ります。

例はまだまだあります。自分さえよければほかの人がどうであれ、それでいいというふるまいをすること、ほかの子の失敗やできないことを喜んだり嘲笑したりすること、——そういうのはぼくはきらいなのです。弱い立場の子、傷ついている子、できない子をばかにしたり、よけい傷つけたりするとき、——そんなときは、人まえであろうがなんであろうが、見境なく、ぼくは怒ります。それがぼくの塾の教室の個性だと考えていますから容赦はしません。その個性にあわない人間は、なにも来てもらわなくてもかまわないと思っています。それで塾がつぶれたら、それでオワリです。

弱い者はみんなで守る、できない子が少しでもできるようになったらみんなで喜ぶ、他人のすばらしさはみんなで賞讃し、すなおに認める、人のつらいことは自分のこととして感じられる——そういう教室にできたらと、ぼくはいつも考えています。そういう姿勢が気にいらなければやめてもらうだけです。

十年ほどまえになりますが、わが塾で、はじめての〝いじめ事件〟が起きました。ちょっと知恵おくれの女の子でした。この子を数人の男の子のグループでいじめていたわけですが、そのときぼくは、その数人をよんできびしく注意しました。リーダー格の子は勉強のいちばんできる子でしたが、彼は「いじめたんじゃない」

と言いはりました。その女の子のほうは「いじめられた」といって泣きます。

ぼくはそのとき、〝痛み〟について話してやりました。──〝痛点〟というのはからだの表面にある神経で、人それぞれによって、その数も感覚も異なる。〝温点〟〝冷点〟もあるが、〝痛点〟がもっとも多い。人の心にも〝痛点〟はある。〝痛さ〟というのは、その人の感覚の問題で、どれだけの力でたたいたから痛いと感じるはずとか、そうでないとか言えるものではない。本人が〝痛い〟と感じれば〝痛い〟のであって、それが真実だ。だから、相手が〝痛い〟と感じていること、「やめてくれ」と言ってることをしてはいけないのだ。──そういう意味のことを話したのでした。

ところが、その後、おなじような事件がぼくの知らないところで起こっていたのでした。やがて、母親が娘といっしょに塾を訪ねてきて、退塾を申してでました。ぼくは、くだんの数人の男の子をよんで、母親と娘のまえでどなりつけました。

「オマエたち全員、塾をやめてもらう」

女の子のほうをそのままやめさせることは、ぼくにはどうしてもできなかったのです。ぼくは、数人の男の子の月謝袋を二階から持ってきてたたきつけました。離縁宣告です。

結局、男の子たちはその女の子に泣いてあやまり、みんなもとのサヤに納まったのですが、それっきりいじめはなくなったばかりでなく、その数人の男の子は逆にその女の子を守る側になったのでした。そのことは、塾ではわからなかったのですが、べつの女の子が学校での彼らのようすを教えてくれたことでわかったのでした。

自分の考え、自分の塾の方針をさきにこちらが提示するというのは、ちょうど看板を掲げるのに似ています。

看板とは、日々のこちらの態度といっていいでしょう。ぼくはこういうのは嫌いだ、こういうのは好きだ、だから、こうこうこういう方針でやる——というふうに。はっきりさきにこちらが態度を表明しておくことです。あとは子ども自身がそこに身をおくか抜けるか自分で決めればいいことです。つまり、選択は向こう側の自由ですから強制とはいえません。ただ、どう選択しようと自律的に選択するのですから、その責任も向こうにあるということになります。

## いちばんの難敵は親

とはいえ、絶対多数の子どもたちはきょうも学校へかよっています。学校は明治以来、「圧倒的に重い惰性」をもって走りつづけているのですが、そこにかよわせる親の意識はいまどうなっているのでしょう。

ここまで長ながと〝私塾礼讃〟のような手前味噌論を書きつらねてきましたが、いくら私塾がリキんでみたところで、親や世間一般の人たちの大半はやはり学校中心の考え方から一歩も出ようとはしていないと思います。

ぼくたち私塾に子どもをあずけてくれるといっても、その親は、ほとんどが「学校の成績向上」であり、「上級学校入学」を期待してのことであって、けっして、学校をはずして塾を考えているわけではないのです。したがって、塾へかよってきてくれる子どもたちが、いくらそこで嬉々《きき》として学んでいたとしても、学校の成績があがらなかったり落ちたりすれば、子どもの意志に関係なく、やめさせられるということだって起こります。なかには、塾へかよわせさえすれば勉強ができるようになると考えている親、成績があがらないのは塾選びがまちがっていたからだと考え、あちらの塾こちらの塾と塾をわたり歩かせる親など——すべて金で依託、人まかせ、という姿勢の親もいます。

また、子どもがやる気を失っていたり、精神的につらい思いをしたりしているというのに、家庭で母親などがさらに元気を失わせるようにガミガミ追いうちをかけている場合もあります。二つも三つも塾をまたがけさせたり、家庭教師を何人もつけたり、あるいは、母親自身が子どもの首根っこをつかまえて、毎日、勉強を強制的にやらせたりして、管理勉強にきゅうきゅうとしていることもあります。

こうした家庭の子どもにとっては、保護すべき親が、かえって加害者にまわっているとさえ思えます。

ぼくら私塾では子どもとかかわれる時間はそう長くはありません。せいぜい週二回か三回。それも、ほんのわずかな時間にかぎられています。学校で過ごす時間、家庭にいる時間と比べれば、微々たるものです。接触する時間と子どもへの影響力とは、そのまま比例するとは考えられませんが、それにしても、やはり家庭や学校の影響力は強大です。とくに、生まれてから今日まで、ずっといっしょに生活してきた親の影響力は、塾など比較にならないほど絶大です。

私塾で子どもとかかわるとき、ぼくはいつも〝子どものうしろにいる親〟のことが気になってしかたがないのです。親の、学校や勉強に対する意識、家庭での子どもとの対応——これらが、どこかおかしければ、いくら私塾ごときが教室のなかで子どもだけを相手にシコシコやっていても、なんの効果もありません。ぼくは、こうしたもどかしさを味わうたびに、〈どう親とかかわるか〉を考えつづけてきました。

塾通信をつくる、父母会を開く、個人面談を設ける、集会や講演会を開く……など、今日までいろんなことを試みてきました。そして、気づいたことがあります。それは、こちらがどうしてもかかわりたい、話しあわねば、と思う親ほど来てくれない、ということ。あるいは、たとえこうした親と会い、話しあったとしても、そう一度や二度でかんたんに理解しあえるものではない、ということ。子どもなんかより、よほど親のほうが難敵であることをつくづく感じさせられます。

しかし、だからといって、こちらも手をこまねいてはいられません。たとえ、効率や効果がどうであっても、休まず、くさらず、やりつづけるしかありません。手を広げ、よびかけ、積極的にかかわりつづける姿勢を失わなければ、いつかはひょっとして変化が起こるかもしれない、と。

## ときには親と闘うことも

ぼくはよく母親とけんかをします。子どもを朝から晩まで管理的にしばりつけ、親がすべて路線をひき、叱《しっ》責《せき》・命令・禁止で子育てをしているような場合です。当の母親自身は、そうすることがわが子のため、しつけであると勘ちがいしているようですが、子どもはますます無気力になる。思うようにならない。言うとおりにしない。と、こんどはまたさらに叱りつける――。こんなことをやっていては子どもはやる気も元気も出るわけがありません。

「お母さん、それじゃ、子どもさんがよくなるわけないですよ。問題なのは子どものほうじゃなくて、お母さんのほうじゃないですか。子どもを変えようとするのをやめて、ご自分を変えられてみたらどうですか」などとズケズケ言います。

たいていの母親はこんなことばを吐かれれば怒りだします。でも、ぼくは平気です。たとえ親であろうと、子どもは親のオモチャではありませんから。ガツーンと一発たたいてやります。それで決裂したこともすくなくありません。それはしかたのないことだと思っていますから、いまでもその姿勢は変わっていません。

ぼくとしては、抵抗できない子どもが親に傷《いた》めつけられているのを黙って見すごすことができないのです。

ぼくは、こういう種類の親のご機嫌をとりながら私塾を続けようなどとは思いません。みすみす子どもが苦しんだりゆがんだりしていくのを目のまえに見ながら、それに加担することなどとてもできません。

十年ほどまえまで、ぼくの塾は世間一般の学習塾のように時間割を組んでいました。つまり、土曜日は学校が午後ありませんし、春休み、冬休み、夏休み、祭日などは学校は休みです。したがって、一般の塾は、学校のない時間に塾の授業時間を組み、○○講習などと名づけて長時間の特訓勉強をさせたりしています。

ぼくの塾の場合も、おなじように土曜の午後や学校の休みの日に時間割を組んでいました。ただ、せっかく子どもが休みで自由時間ができたというのに、そこに塾の勉強までぶっつけてはかわいそうだという考えから、なるべく子どもに負担がかからないように少ない時間でやっていました。それがいまでは、学校の休みの日はもちもん、土曜日も休みにしてしまいました。それは、こんなことがあったからです。

あるとき、中学二年の男子の三人の母親が訪ねてきて、

「東進会の勉強はなまぬるいじゃないですか」

「どこの塾でも春季講習をやってますよ」

「休みのときこそやっていただかないと、ほかの子と差がつかないじゃないですか」

などとせまってきました。あげくのはてには、

「東進会でやっていただけないなら、しかたがありませんね」

と、暗に転塾をにおわせるような発言まで出てきました。言ったのは中二のKという男の子の母親でした。K君は、中学受験に失敗し、区立中学へ行くようになってから、ぼくの塾へきた子でした。三人兄弟の長男で、ちょっと気が弱いところがありますが、とてもすなおでいい子でした。中一ではいってきた当時はまったく元気がなく、勉強もイヤイヤやっているという感じでしたが、二年のあいだに、だんだん明るく元気になり、学力もふつう以上に伸びてきていました。

そのK君の母親が、わが子の成長に感謝するどころか、「もっとたたけば、もっと伸びるのに」といわんばかりです。ぼくはカッとして言いました。

「春休みは、一、二年の総復習を自宅で自分のペースでやるように指導しています。プリントも用意しています。休み中も二回、質問を受けることにもしています。それでダメならどうぞ、どこの塾でもお移りください」

そういって投げだしてしまいました。

春休みが明けて中三になり、四月の授業がはじまると、あのとき、文句を言ってきた母親たちの子のうち、K君以外は姿を現わしませんでした。〈ハハー、あの子たちはべつの塾へ移ったんだなァ〉と、想像していました。ところが、四月もなかばすぎたころ、休んでいた子たちがひょっこり顔を出しました。学校のクラブが忙しかったとかなんとか言っていましたが、どうも、なにかあったような雰囲気でした。

でも、深く追及することもなく一か月ちかくたちました。五月の連休が終わり、授業のはじまったとき、月謝袋を持ってきました。〈オヤッ〉と思ったのはそのときです。三人とも「月謝袋」ではなく、封筒だったのです。尋ねると、「なくした」と言います。その夜、妻がK君の家へ電話をし、月謝袋をなくしたらしいが、一年間、封筒では困るので、さがしてなければ新しくつくりますが……と言いました。電話の応対はなにかトンチンカンだったらしく、妻も首をひねっていました。

その日を境に、また三人は来なくなりました。十日ほどたって、K君の母親ともう一人の母親が訪ねてきて、「あすから来させてください」と言います。よくよく聞いてみると、やっぱり三人は春季講習にN進学塾へ行かされ、その後も転塾していたのでした。

ところが、K君は、四月からはN進学塾へは行かず、親には黙って、ぼくの塾へ通っていたのです。そのことが家庭でバレてから、両親と子どもたちのあいだでどんなやりとりがあったのか、ぼくにはわかりません。しかし、結局、子どもたちの言いぶんがとおったであろうことは、その後の三人のようすでおよそわかりました。

この事件があったときから、ぼくの塾では、学校が休みの日はいっさい授業をやらないことに決めました。春休み、夏休み(後半はすこしやりますが)、冬休み、それに祭日、土曜日、日曜日、すべて塾も休みにしてしまいました。もちろん、その間、他の塾の講習などへ出かける生徒たちもいるでしょう。でも、それはそれでしかたのないことで、人の心に戸は立てられません。ただ、ぼくの方針として、休日を返上し、長時間、拘束して勉強を強制する塾はやらない——ということだけははっきり打ちだしました。

もし、それで、ぼくの塾の方針とあわず、べつの塾のほうが気に入ってそちらに転塾ということになれば、それでもいい。ただ、子どもとぼくとの信頼関係が切れるかどうかは、親の意志では左右されない、とぼくはいまでも考えています。また、親が自分の意志でわが子をどうにでも操縦できると思うのはまちがいで、逆に、親は子どもの力によって、なにが正しかったのかをあとで気づかされるものだ——と。

子ども一人ひとりの心とぼくのそれとがしっかり結びあっていて、はじめて私塾の意味があるのだと、ぼくはそう思いつつ私塾をやっています。

ドキュメント・地域ミニ塾13

# 一対四の果たしあい

けっとうじょう
こんどの月ようび　二月二十七日だ
ごご四時ぴったりだぞ
ばしょは柿の木こうえんだ
いいか、きっと一人でくるのだ
こっちは四人だ　カクゴしておけ
いおりのバカへ
だいひょう　上杉・加賀美

庵秀男君の〝相談〟というのは、決闘申し込み、つまり、〝果たし状〟に対して、どう対応したらいいかという話だった。

「二十七日か、あと五日だね」

ノートの切れはしにエンピツで記された果たし状を見ながらぼくがいうと、秀男君はコクッとうなずいた。小学三年生。でも、体重は五十キロ近くあると思われるほどで、背も高い。体格は六年生なみ。頭もいい。ハキハキ、キビキビしていて、いかにもリーダーシップをとるタイプだ。その秀男君が、

「むこうは四人だから……」といって下を向く。その不安そうなようすを見ていると、ガラは大きくても〈やっぱり三年生だな〉と感じられて、かわいくなった。

「そうだな、いっぺんに四人来られたら、いくらヒデ坊でもたまらんだろう」と、ぼくも腕を組んだ。

「ヒデ坊、このこと、おうちの人に話したかい」

「ハイ、お母さんが八杉先生に相談しなさいって……」

なるほど、そういうことだったのか。ぼくはすぐさま、けんかのルールというか、〝決闘〟についての知識のようなものを教えておくべきではないかと考えた。すると、秀男君はこんなことをいった。

——自分はからだも大きいし、力もある。だから、一対一だとたいてい勝ってしまう。そのことは友だちも承知しているから、おそらく何人か一度に来るのだろう。それはそれでしかたがないことだ。ただ、自分がいま悩んでいることは、こ

の果たしあいに応ずるか応じないか、応ずるにしても勝つべきか負けるべきか――そのことを相談したいのだ――。

「そうかあ……そうだな……」

ぼくは自分より四十歳若い庵秀男君をまえにしてすっかり真剣にならざるをえなくなった。〈もういちど、やりなおしだ〉。

しかし、もうつぎの授業がはじまる時間になっていた。

「ヒデ坊、先生もよく考えてみるよ。だから、ヒデ坊も考えておいてくれないか。たとえば、なぜこういうことになったのか――。それから、なんのために決闘するのか――。それもね。キミが四人のことをどう思っていて、決闘のあと、その四人とどういう関係になりたいのか、そんなことを考えてみてくれないか」

二日後の学習日、すこし早めに来てくれるように頼んで、その日の相談は終わりにした。

**頭があがらない不満が……**

その夜、専任講師の清水君、息子の利、それにぼくの三人は、食事をしながら庵秀男君のことで話しあった。

「ヒデ坊はあれでけっこう気がやさしいところがあるんだ」

と清水君。ぼくは小学三年生は教えていない。清水君の担当だ。したがって、ぼくより清水君のほうがずっと秀男君のことにはくわしい。塾での勉強のときでも、仲間ができていないと一生懸命教えている、と清水君は言う。

「でもね、無器用っていうのかな、やさしいくせに乱暴なんだ。ことばも動作も……」

清水君の観察では、面倒をみてるわりには、「オメエ、バカだなア、こんなことわかんねえのかヨ」なんていいながら相手の頭をピタンとたたいたりするらしい。

「自分じゃ親切なつもりなんだろうね。けど、自分の感覚で対応するから相手にその親切がつうじない」

「逆に、相手にしてみればイジメられてる気になるのかもね」

清水君と息子が秀男君についての分析をして話しあう。ぼくは、それを聞きながら秀男君の両親の気持ちが気になっていた。時計を見ると十時をまわっている。

〈今夜はもうおそいな〉と考えているとベルが鳴った。出るとまさしく電話は秀男君のお母さんであった。

「あの子が寝てからと思ったものですから……」

お母さんは夜おそくの電話で、と恐縮された。お母さんの話だと、親子でこの件についてはなにも話しあっていない、とのこと。ぼくは想像がハズレて、〈どうして?〉と思った。

「いいえ、主人とわたしはいまも話しあってたんですけどね」

まえの晩、庵さん夫婦で考えあい、決めたことは〝子どものけんかに親は出ない〟

〝親以外の大人で、自分の頼れる人に、自分で相談させる〟という二つの方針でいくことだった。そこで、秀男君が指名したのがぼくだったわけだが、肝心な相談相手であるぼくが確たるアドバイスの一つもしてあげられず、逆に秀男君に〝宿題〟をだして帰した。そのことを話すと、お母さんはケラケラ電話口で笑いながらいう。

「そうですか。それで、額にしわを寄せて……ホホホホ……シュクダイを考えていたんですね」

電話のむこうの声が変わった。お父さんであった。ひととおり初対面(話?)のあいさつをかわすと、少しお酒でもはいっているのか、自分の昔のことを話しはじめた。

「ぼく自身は秀男と逆でしてね。からだも小さかったですし、引きずりまわされる側でしたから」

その昔、いまの自分の息子のようなリーダーシップをとっていた子から、ずいぶん身体的にも精神的にも傷つけられた経験がある、という。それでも知恵も腕力も自分をはるかにうわまわる相手であってみれば、その腹立たしさを直接ハネ返すこともできなかった。心のなかでは〈こいつ、いまに見ておれ〉という気持ちがいつもあった、とも——。

「相手もちゃんと心をもった人間だってことに気がつけば、まあ、いい勉強ですから……」
四、五人で寄ってたかってたたかれても死ぬようなことはないからだいじょうぶです、という。最後にお父さんはいわれた。
「親が教えてやってもダメですね。こういうことは、結局、自分のからだと頭でわかっていくしかないと思うんですが……」

ぼくはひとつひとつお父さんのことばにうなずいていた。すばらしい父親と母親だなア——と。

## 弱い側からの逆襲

山陰の冬の午後——。夕方にはまだ時があるはずなのに、もう西の山影に沈みそうな太陽。道も田も畑も一面の銀世界。八丁畷《なわて》とよぶ学校からの一本道は、人びとの足でやっと通れるほどの一筋の雪道に踏みかためられていた。遠く、細く、黒く見えるのは春・夏・秋と網たも片手に小鮒をとりに遠征したあの小川——。

「キャーホー! ワーッ、ホーッ!」

西山から降る弱い日光に向かい、つぎつぎに大声をあげると、キラキラと青色に光る雪のうえを滑って呼び声が飛んでいく。子どもたちの声は田や畑をおおう白い雪のなかへ吸いこまれ、つぎの瞬間にはおそろしいほどの静寂に再びもどる。どんなに大声で叫んでみても、その静けさはびくともしなかった。

学校からの帰り路、ぼくと何人かの悪童たちは、あのとき、その静けさに抱かれる恐怖から逃げだしたかったのかもしれない。一行はたしか五人であった。そのなかの一人に門脇という同級生がいた。パン屋の息子で少し知恵おくれであった。からだも小さく口もほとんどきかなかったように記憶している。四人が口ぐちに西山に向かって叫んでいるとき、少し遅れて最後を歩いていた門脇の声だけはなかった。一本道のまんなかあたりを歩いていたぼくは、あのとき無性に腹が立った。なぜかわからない。ぼくはくるりと後ろを向くと、一本道をはずれて雪のうえを走った。門脇にランドセルごと体あたりをくらわすと、少年はもんどりうって雪のなかへ横倒しになった。仲間はみんな後ろを振りかえっていた。

「ワレ(おまえ)も大きな声だしてみぃヤ!」

倒れて動かない少年を両手でわしづかみにすると、気づかぬうちにランドセルが手にあった。ぼくはそれを力いっぱい雪原へ向かって投げた。空に舞いあがったランドセルは、一瞬、落日のなかでとまったかと思うと、音もなく雪のうえを滑った。門脇は新しい足跡を雪のうえにつくりながらランドセルへ向かう。帯のように畦《あぜ》のこちら側にできた柔らかい雪影。そのうえを門脇が長い影を引きずっていく。ぼくのなかでかなしいほどの怒りがまたまたわきあがった。

引きかえしてくるとまた投げ、拾ってきたのをまた捨てた。仲間はそれを見てはやしたてた。何度目かにランドセルを奪おうとしたときだった。

「ガーアワー!」

手がしびれた。おそろしい力でランドセルの帯はぼくの右手から離れていった。と、つぎの瞬間、目のまえがまっ暗になった。ぼくは雪のなかにあおむけになっており、何度も何度もランドセルが顔面にたたきつけられた。雪粒と黒い大きな物体が交互に襲ってくるなかで、ぼくは生まれてはじめておそろしい生きものの顔を見た。遠のいていく意識のなかで――。

**気がすむまでたたかれてやれ**

「あのときだな、どんな弱い人間でもばかにしてはいけない。とんでもないことになるってね。そう、先生は感じたんだ。あのときの門脇の顔は、先生、一生忘れられない」

庵秀男君はジッとぼくの顔を見つめながら聞いていた。

〝宿題〟の解答でわかったこと――。地域の野球チームで秀男君は主将格であった。いつも指示し、教え、仲間の四人を引っぱっていく立場でやってきた。学校でもそうだった。体格も頭も仲間よりつねに頭ひとつ抜きでていた。それが長いあいだ四人には不満であったらしい。四人はいつもしいたげられている立場ということもあって連帯した。弱い立場も束になれば、と思ったのかもしれない。四人は秀男君と遊ぶ度合いが急に少なくなり、近ごろでは秀男君ひとりが浮きあがった存在のようになっていた。

「そうか、それじゃヒデ坊もさびしい思いをしていたんだ」

秀男君のうしろに立っていた清水君が声をかけた。急に、秀男君は大きな肩をすばめてしゃくりあげた。ぼくはポンポンその肩をたたいて〝宿題〟について話をつづけることにした。

「ヒデ坊はその四人とほんとうは仲よくやっていきたいんじゃないのか」

こんどは声をあげて泣いた。頭は二度、三度とうなずいている。

「そうか、そうか、ヒデ坊はとってもいい子なんだな」

ぼくは両手で肩を抱く。野球できたえたガッシリしたからだが手のなかに感じられる。秀男君は必死で涙を振りはらうように腕で顔をこすりこすりいった。

「なぐ……なぐられてもいいから……いいから、ぼくは……公園に……」

自分がいままで軽く見ていた友だちにあやまるつもりで、なぐられるのは覚悟で〝決闘〟におもむくつもりだという。

「ヒデ、おまえはエライぞ!」

ドンとうしろから秀男君の背中を清水君がたたいた。

「ヨーシ、行ってこい。むこうが気がすむまでたたかれてやれ」

清水君は興奮気味に秀男君を力づけた。

## 仕掛人がいた

二月十七日、午後三時五十分。柿の木公園は前日の雪でベンチも砂場もすっかり雪化粧をしていた。スベリ台の下に四、五人の人影が見える。清水君とぼくはその人影に気づかれないようにかげにしゃがんだ。

「先生、顔ぶれはもうそろってますよ」

清水君が小声でいう。少年たちは夕方の弱い光に照らされ、雪のうえに立っていた。一分、二分、三分、いくら目をこらしていてもなんの動きも見えない。

「なにを話しているんだろう」

清水君はそうひとりごとをつぶやいたとき、ブランコのむこうから少年たちのほうへ向かって一人の青年がゆっくり近づいていった。三十前後にみえるその青年は黒のサングラスをかけていた。

「アレ、なんだアイツ」

清水君が立ちあがるのを機に、ぼくも不安になって歩きだしていた。青年も少年たちもぼくらの姿に気づいて、こちらを向いた。

「あの、ぼくはこの子たちの担任の松井です。ご父兄のかたですか」

サングラスの青年は担任の先生だった。ぼくが塾の教師で、庵秀男君のようすを見にきたことを話すと、松井先生は恐縮そうにいった。

「そうですか、東進会の……八杉先生のことはかねがね……。いや、これはぼくがけしかけて仕組んだことでして……まことに……」

一週間ほどまえ、四人は担任の松井先生に庵君のことで苦情をいってきた。秀男君がクラスでいつもいばっていて、こづいたりぶったりする、という話である。

「ぼくから庵君をつかまえてお説教する手もありますし、保護者に話す方法もあったと思うんですが、それだと自分たちの力で解決したことにはならないんですね。庵君は賢い子です」

お互いどっちが強い立場になっても子どもどうしの関係はよくならない。本心は、友だちどうし仲よくやっていきたいと思っているはずだから、そのことに一人ひとりが自分の頭で気づかないことにはほんとうの解決もないし、勉強にもならない。

「決闘というのはぼくが提案したことで、正直いって、どうなるかぼくも自信は……」

一週間という長い時間を設定したのも、松井先生には計算があったようだ。そのあいだにいろいろ考えるだろうと思ったという。松井先生の思惑どおり、四人が〝果たし状〟を庵君にわたしてから五日目、四人は「決闘をやめたい。庵君と仲なおりしたい」と、松井先生のところへやってきたのだという。

冬の夕日はもうすっかりビルのかげに落ちていた。五人の少年はニコニコしながら肩を組んで松井先生の話をきいていた。ぼくも清水君も、心のなかは暖かくポカポカしていた。

その夜、庵さんから電話があった。お礼の電話であった。

「じつは八杉先生、三月に千葉へ引っ越すことになっていまして……」

どうせ引っ越していくのだからと思えば、息子は真剣に悩まないかもしれないと考えたから、きょうまで隠しておいた。先生にもすまないことをした——と。ぼくは「とんでもありません」といった。

「いや、まいりました。引っ越すのは絶対いやだと、学校も塾もいままでのままでいたいと、いまも泣かれましてね」

お父さんの話を聞きながら、ぼく自身、庵さんの一家と離れてしまうのがつらくなった。

# 全国子ども支援塾ネットワーク

北海道―竹腰均＝竹腰学習塾……札幌市東区北二十五条東十八―八―十三
芳賀わか子……旭川市六条十―右四
平野康幸＝東進ゼミナール……函館市時任町二十五―十七

東北・北陸―今北正史＝寺子屋北翔舎……仙台市昭和町五―四十三
佐藤多恵子＝佐藤英語教室……岩手県大船渡市大船渡町永沢五十一―十六

関東―大金和人＝青葉塾……宇都宮市弥生一―十一―十三
山本静江＝DIG西鶴間教室……神奈川県大和市西鶴間六―二十九―一
原田智恵子＝原田算数・数学塾……藤沢市辻堂西海岸二―八―五―三〇六
奥地重雄＝矢切塾……松戸市上矢切一〇八九
三浦金一郎＝新河岸学習塾……川越市寺尾八―四十三

中部・近畿―根石吉久＝素読舎……長野県更埴市小島三一三七
岩城文夫＝明学館……新潟市寺尾西三―十八―十八
片村金吾＝片村学習教室……浜松市上西町二十六―十七
山内敏子＝山内塾……奈良県橿原市山之坊町一四〇

中国・四国・九州―八杉正幸＝八杉学習塾……鳥取市立川町五―二〇一―三
辻慶太＝慶太塾……高知県須崎市原町一―五―二十
内田博＝寺子屋……宮崎市高鍋町道具小路南

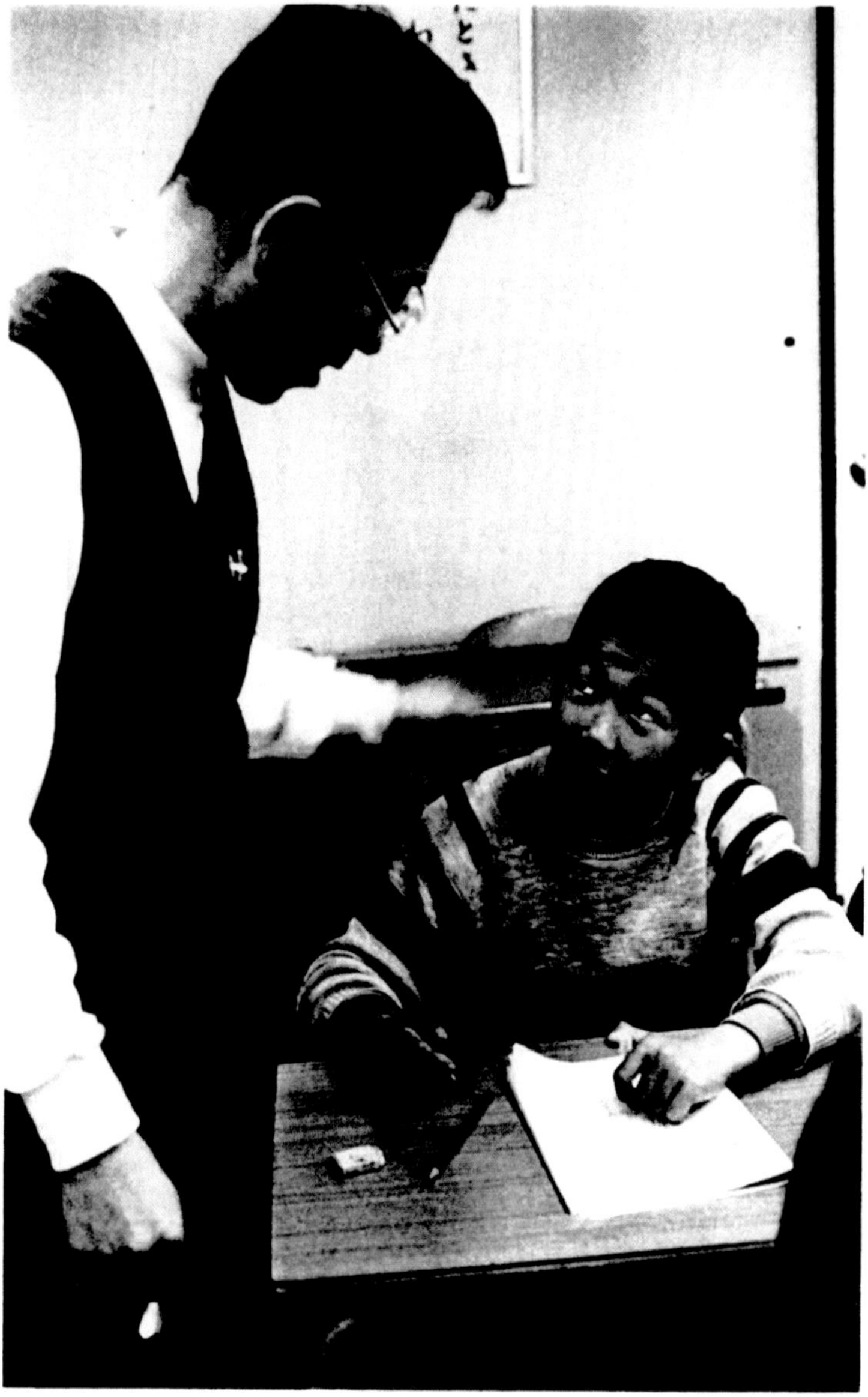

# あとがき

私塾人というのは孤独です。

それぞれの人が、それぞれの個性をもとに、それぞれ独自に試行錯誤を繰りかえしながら自分の塾を創りあげていくように思います。

したがって、こうしてできあがった私塾は、それぞれ百人百様で、おなじ塾といっても教室の雰囲気も指導法もまるで異なったものになってしまうこともあります。それはそれで意味のあることであり、それでいっこうかまわないと思っています。

しかし、自分以外の人たちのありようと、自分のものとをつき合わせてみるという作業――〝学びあい〟といってもよいでしょうが――がないままでは、これもさびしすぎます。

ほんとうは、どんなに力のある人でも、自分の力だけではなにもできないのですから。

私塾を営む人は、だれでも、いつも、〈これでいいのだろうか〉〈これではいけないんじゃないか〉と迷いつつ生きているように思います。

昨年(一九八五年)の春、私塾をやっている親しい仲間や、これから始めようという知りあいのかたたち三十人あまりが集まって、〝塾の塾〟というセミナーを開きました。週一回二時間ずつ、五回にわたって学びあいました。

〝たたき台〟になった講師役はぼくでした。

本書は、このとき話した内容をもとにして書きあげたものです。はじめは話したことをテープでおこし、それに手を加えて本にするつもりでした。でも、実際にやってみると、話しことばがまるで文章にならないことがわかりました。そのことに気づかせてくださったのは、お手伝いをしてくださった宮島郁子さんです。宮島さんには、この本をつくるうえで、ぼく自身の話しことばの稚拙さと、文章を安易に書こうとしたぼくの姿勢をきびしく指摘され、諭されたように思います。

太郎次郎社の浅川満さん、渡部稲造さんにも、あちこちとぼくの文章のおかしさ、粗雑さを指摘され、結局、いくどか書きなおし、ウロウロしているうちに書きだしてから一年が経ってしまいました。

本書の書名も、『地域ミニ塾のすすめ』『キミもニンゲン、ぼくもにんげん』と二転、三転し、さいごに『子ども支援塾のすすめ』に決定いたしました。太郎次郎社の編集部のみなさんをはじめ多くのかたがたが、本書を生みだすために、自分のことのようにお力添えくださいました。そのなかでも、いろいろな意味で、本づくりを通じ、浅川さん、渡部さん、宮島さんには教えていただきました。ありがとうございます。

なお、大好きな写真家・川島浩さんに本書を飾っていただいたことも幸運でした。川島さんがとらえてくださったわが塾の子どもたちの表情は、日ごろ、ぼく自身が見逃してしまっているそれらであったことに気づき、衝撃でした。

前著、『人間が好き』につづいて、本書の装丁を引き受けてくださった鈴木一誌さんにも感謝しなければなりません。つたない本を飾っていただいた川島浩さん、鈴木一誌さんありがとうございました。

そのほか、名をあげることはできませんが、一冊の本が完成するまでにかかわってくださった多くのかたたち、および本書のなかに登場する子どもや父母や仲間の人たち、一人ひとりに改めてお礼申しあげます。ありがとうございます。

一九八六年八月

著者

▼ドキュメント・地域ミニ塾2「帰国子女・久美ちゃんのとまどい」、ドキュメント・地域ミニ塾9「幸子の昴」、ドキュメント・地域ミニ塾13「一対四の果たしあい」、ドキュメント・地域ミニ塾11「向かいあう母と娘」――『新世』一九八四年三月号・六月号（連載「甦れ笑顔」）、倫理研究所

▼「一歩、地域へ踏みだせば」「塾の授業は、こうして始まる」、ドキュメント・地域ミニ塾3「霧雨とおふくろさん」、ドキュメント・地域ミニ塾1「はるか大分の空の色」――『新ゼミエコール』41号・45号・47号・48号（シリーズ「学校外の風景」）、CPC中央企画センター

▼「3キロ円って、何円?」「他人、親子、親戚って?」「ハジをかけばミになる?」「"ハト・ネコ算"はおもしろい?」――『週刊文春』一九八五年三月十四日・四月四日、文芸春秋社

▼ドキュメント・地域ミニ塾10「しんどい話」――『福祉労働』29号、現代書館

▼ドキュメント・地域ミニ塾4「解けてよかった"応用問題"」――『子どもとゆく』9号、子どもとゆく編集部

▼ドキュメント・地域ミニ塾7「ふれあいの窓」――『ふれあい』47号、山本祐弘

▼ドキュメント・地域ミニ塾12「ピンタ事件」――『青年心理』一九八六年五月号、金子書房

▼ドキュメント・地域ミニ塾5「雨中の釣り大会」――『ひと』一九八六年一月号、太郎次郎社

八杉晴実《やすぎ・はるみ》

略歴

一九三四年七月二十日、鳥取県に生まれる。
一九五七年三月、東京教育大学卒業。
一九五九年四月、私塾「東進会」開設、現在にいたる。
私塾を営むかたわら、
都立駒場高校および区立開進第一中学校の講師を勤める。

著書

『先生、塾は悪いのですか』（絶版）…昌平社…一九七五年四月
『算数ぎらいが好きになる』（絶版）…徳間書店…一九七五年七月
『DIG式よくわかる算数』…ひばり書房…一九七六年十月
『親と教師の顔がみたい』…高橋書店…一九七七年八月
『子供たちを落ちこぼすのは誰か』（絶版）…啓明書房…一九七九年一月
『甦れ笑顔』…啓明書房…一九八三年十二月
『塾は学校を超えられるか』…三一書房…一九八三年三月
『人間が好き』…新声社…一九八三年四月
『学力おくれ、学校ぎらい』…教育史料出版会…一九八五年十月

共編著

『教科書はもういらない』（共著）…三一書房…一九八二年五月
『さよなら学校信仰』（編著）…一光社…一九八五年六月
『かけこみ塾・ふれあい日記』（編著）…有斐閣…一九八五年十一月
子ども用テキスト『家庭でできるDIG式算数』（編著）…幼児用3冊、小学一・三年各3冊…高橋書店…一九八二年八月

子ども支援塾のすすめ

初版　一九八六年十月八日印刷　一九八六年十月十五日発行

著者　八杉晴実

撮影者　川島浩

造本者　鈴木一誌

発行者　浅川満

発行所　株式会社太郎次郎社
東京都文京区本郷五—三二—七　郵便番号一一三
電話〇三—八一五—〇六〇五　振替東京五—一三七八四五

印字　福田工芸株式会社〈本文〉＋プロスタディオ〈見出し類〉

印刷　株式会社平河工業社〈本文・別刷〉＋福音印刷株式会社〈装幀〉

製本　ナショナル製本協同組合

定価　カバーに表示してあります

0036-0363-4456

本書はプリント・オン・デマンド版です。
一部奥付に記載されている情報と異なる場合がございます。

連絡先:株式会社　三省堂書店オンデマンドカウンター
〒101-0051　東京都千代田区神田神保町1-1
メールアドレス:ssdondemand@mail.books-sanseido.co.jp

この作品は、ブックスオンデマンド方式で出版したものです。
造本には十分注意しておりますが、
乱丁・落丁があった場合は、株式会社　三省堂書店　宛てにお送りください。